Se agradece la risa

Paulina Gamus caraqueña hija de sirio y griega, se graduó de abogada en la UCV y entró en Acción Democrática desde muy joven. Aparte de las distintas funciones que tuvo dentro del partido, en el que luchó desde 1980 por establecer cuotas mínimas de participación femenina, fue congresista en varios periodos, concejal de Caracas, viceministra de Turismo y ministra de Cultura. Durante décadas publicó regularmente artículos de opinión en *El Nacional*.

paulina gamus

Se agradece la risa

Prólogo Sergio Dahbar

Se agradece la risa
Primera edición
© De la presente edición, Cyngular Asesoría 357, CA

Diseño de cubierta
Jaime Cruz

Retoque de imágenes
Omar Salas

Corrección de pruebas
Carlos González Nieto

Depósito legal: DC2018000615
ISBN: 978-980-425-022-4

Índice

Prólogo _pág. 11
Introducción _pág. 15

Capítulo I
Política para reír _pág. 25
Un griego sin fronteras y sin límites _pág. 27
El revolucionario de la inteligencia _pág. 33
Obligatorio ser originales _pág. 42
Un país donde ningún político es de derecha, salvo uno _pág. 58
Candidatos a otros cargos y de otros lares _pág. 62
Cuando la política no era la guerra _pág. 66
La corrupción desde otra óptica _pág. 68

Capítulo II
Simón Bolívar como aberración _pág. 73

Capítulo III
La adulación, enfermedad con raíces en el caudillismo _pág. 83
Conversando con el peregrino _pág. 90

Capítulo IV
Los autofelicitadores y felicitadores a secas _pág. 93
Padrinos de excepción _pág. 96
La boda _pág. 99
Un venezolano famoso en Washington, Inglaterra,
en casi el mundo entero, pero desconocido en su país _pág. 102

Capítulo V
Obituarios _pág. 105

Capítulo VI
Amor y despecho _pág. 125
Una demanda sui géneris _pág. 132
El despecho como tema asambleístico _pág. 133

Los cornudos también se reúnen _pág. 137

Para mujeres que aman en exceso _pág. 140

Una felicitación con ponzoña _pág. 140

Promiscuo y prolífico _pág. 140

Dudas sobre un heroico rey de la Biblia _pág. 142

Capítulo VII

Misceláneos _pág. 147

Ni los cadáveres están a salvo _pág. 147

El premio que "Dios sabe por qué se lo dio" _pág. 150

Otras formas de cobrar _pág. 152

Brujos y analistas _pág. 155

El embuste no es mentira _pág. 156

Brujería hasta en el primer aeropuerto del país _pág. 156

El retorno de La Sayona _pág. 158

En libertad agresor del expresidente LHC _pág. 160

Las guerras culturales _pág. 161

La neurosis brota en el diván argentino _pág. 164

Una postulación de lo más objetiva _pág. 166

La mentira con descaro _pág. 169

Estos italianos _pág. 170

Amnesia por extenuación sexua _pág. 172

¿Predestinado? _pág. 173

Drama de un hijo del Sol Naciente _pág. 174

El día que arrestaron al ciudadano juez _pág. 176

Una personalidad acusada de canicidio _pág. 178

Congreso de locos en Perú _pág. 180

Ayuda al estudiante vago _pág. 181

El Museo del Carajo en Cali, Colombia _pág. 182

Club Internacional de Hombres Opacos _pág. 184

Venezolanos por Nacimiento (Auncven) _pág. 185

La seguridad se va de fiesta _pág. 185

Bailando tamunangue se lesionó una pierna
el ministro de la Defensa _pág. 186
Carta pública Nº 2 a todos los violadores, ladrones,
atracadores y secuestradores de Venezuela _pág. 188
Como si no fueran suficientes Colombia y Guyana _pág. 190
Gallina hirió de un disparo a su dueño _pág. 191
Solicitamos testigo de Jehová _pág. 191
Beautiful Lady Wanted _pág. 192
Mujeres al ataque _pág. 192

Epílogo _pág. 197

Prólogo
Sergio Dahbar

> *Toda pasión bordea el caos; la del coleccionista,*
> *el caos de los recuerdos.*
> **Walter Benjamin**
> *Desembalo mi biblioteca*

Siempre resulta enigmático que una persona coleccione pasiones tan diversas como cuernos de rinoceronte con pedacitos de rubí o dibujos sensuales de Picasso o cartas de amores imposibles o rastros de sus propias aventuras amorosas o monedas antiguas. Desde el renacimiento hasta la actualidad, una lista infinita cataloga a curiosos que han acumulado oscuros y transparentes objetos del deseo. En muchos casos, el coleccionista persigue algo inasible que está más allá de las joyas de su colección. Algo que se perdió y no siempre se puede reencontrar.

Uno puede preguntarse qué impulso pone en marcha a una persona para que persiga insistentemente obras de arte, muebles elaboradísimos de época, libros autografiados, papeles raros, documentos oficiales chismosos, fotografías anónimas, animales, o simplemente diferentes modelos de paraguas, plumas estilográficas o estampillas de países imaginarios. Y siempre la respuesta pareciera apuntar hacia dos palabras cargadas de erotismo, según el historiador Philipp Blom: conquista y posesión.

Paulina Gamus, caraqueña en la que confluyen sangre de sirios y griegos, abogada graduada en la UCV y militante del partido Acción Democrática desde muy joven, congresista en varios periodos, concejal de Caracas, viceministra de Turismo y ministra de Cultura, por años leyó los periódicos como quien persigue piedras preciosas. Y recortó aquellas noticias que le llamaban la atención por absurdas, insólitas, divertidas o estrafalarias.

Dueña de una pluma incisiva y de una inteligencia que suele alzarla por encima del ejercicio de la política vernácula, con el tiempo fue comentando esos recortes de prensa con agudeza y humor. *En Se agradece la risa*, esta cronista incomparable de lo que era la política en Venezuela comenta una colección de cuatro décadas de entrevistas, noticias, obituarios y avisos clasificados, es decir humoradas voluntarias e involuntarias.

Paulina Gamus les regala a sus lectores esta compilación de textos escritos por otros que ella acumuló durante cuatro décadas. Unos cuantos de ellos son en contra suya; los demás, sobre multitud de asuntos. Hay recortes amarillentos, fotos, facsímiles y, sobre todo, esos comentarios suyos que demuestran que no hay nadie en la política venezolana con esta capacidad de reírse de sí mismo mientras nos hace reír a los demás. Su actitud contrasta en la Venezuela de hoy, así como en buena parte del mundo, donde ladrones que se creen dioses mandan a la cárcel o al exilio a cualquiera que roce la quebradiza piel de sus egos.

La mirada de Paulina Gamus es incomparable sobre lo absurdos, psicóticos y desopilantes que los venezolanos hemos sido y seguimos siendo. Su pluma corta con ironía la piel de nuestras pretensiones y exabruptos y se constituye en testimonio de una rara antropología. El lector debe imaginarse que se ha detenido frente a una vitrina por donde pasa una Venezuela inusual.

Las aspiraciones de Luis Alberto Machado por resolver la guerra del Golfo de 1991; los discursos de los adecos de provincia; el folklore de las campañas electorales; los secretos que esconden los obituarios; los orígenes de la adulación; el drama de un japonés con apellido impronunciable en español y otras anécdotas más componen esta carpeta en la que no queda títere sin cabeza, y que parte de la constatación de que la gente del poder siempre ha sido objeto de la chanza de la gente que no lo tiene, no solo porque eso es un derecho ciudadano, sino porque los políticos siempre dan motivos para la burla.

"Algunos dirán que me aprovecho de mi provecta edad para hacer algo que pudiera suponer pena de cárcel ya que, de ser así, la pasaría cómodamente instalada en mi casa y sin los apuros de tener que arriesgar mi vida en las calles de una ciudad tan insegura como Caracas", escribe en la introducción de esta rara joya de la literatura política venezolana. "Quizá tengan razón. Aunque, pensándolo mejor, ¿con qué derecho van a ofenderse, demandarme o tomar cualquier otra clase de represalias? ¿Quién que haya sido animal político (algunos más lo primero que lo segundo) no ha sido objeto de bromas y burlas?".

Cada coleccionista particular busca algo esencial que ha perdido y diseña un espacio para contener sus propias maravillas. William Randolph Hearst compuso en San Simeón un mundo ideal que perdió en sus primeros años de vida. Pablo Escobar fundó en un país violento un zoológico particular en su Hacienda Nápoles. J. P. Morgan se defendió de las carencias afectivas en una casa de New York que parecía no necesitar nada del mundo exterior. La melancolía de Rodolfo II de Habsburgo lo llevó a construir un castillo en Praga (que siempre ampliaba) para guardar sus curiosidades.

Paulina Gamus, otra coleccionista de estirpe, creó un libro que se parece a su inteligencia, en el que ordena el caos de la memoria y ratifica sus notables dones para la escritura. Sus piezas invalorables representan vestigios de un mundo perdido: con cada uno de ellos esta cronista excepcional ajusta cuentas como quien pasa revista a una vida bien vivida. Presenciar este *tour de force* es un placer para quienes persiguen obras inclasificables.

Paulina Gamus ha escrito un libro que no se parece a ningún otro, donde confirma que el humor venezolano es inagotable y despiadado. Una crónica de raras perlas bibliográficas que nos reflejan con humanidad y desparpajo. Un retrato de Venezuela

como no habíamos visto en los últimos tiempos. Una obra, finalmente, que recuerda a un país cargado de contradicciones que
no sospechaba el futuro por venir.

Introducción

Después de dieciocho años de publicaciones y de lecturas que nos hacen pensar, sufrir, añorar y –lo peor– avergonzarnos por cómo y de qué terrible manera Venezuela se ha derrumbado por causa de la revolución chavista, se me ocurrió que era tiempo de hacer algo para arrancarles sonrisas a quienes se atrevieran a ser mis lectores. Lo impropio del asunto es que se trata de reírse de personas, de seres humanos que tienen o tuvieron nombre y apellido y que, si ya no están en este mundo, dejaron descendientes que podrían montar en cólera al ver ridiculizados a sus parientes. Algunos dirán que me aprovecho de mi provecta edad para hacer algo que pudiera suponer pena de cárcel ya que, de ser así, la pasaría cómodamente instalada en mi casa y sin los apuros de tener que arriesgar mi vida en las calles de una ciudad tan insegura como Caracas. Quizá tengan razón. Aunque, pensándolo mejor, ¿con qué derecho van a ofenderse, demandarme o tomar cualquier otra clase de represalias? ¿Quién que haya sido animal político (algunos más lo primero que lo segundo) no ha sido objeto de bromas y burlas de distinta especie?

En Venezuela, al menos, los políticos fuimos siempre el hazmerreír de todos con las ridiculizaciones de la prensa humorística. Comenzando por *El Morrocoy Azul*, fundado por Miguel Otero Silva en 1941, cuyos columnistas y caricaturistas –en su mayoría comunistas– se ensañaron, pero con gracia y altura, contra los dirigentes y militantes del incipiente partido Acción Democrática y de vez en cuando con Rafael Caldera y su partido social cristiano Copei. Ese semanario humorístico estuvo presente en mi hogar paterno y su lectura me acompañó desde que aprendí mis primeras letras.

Luego vinieron otros por el estilo: *La Pava Macha*, fundado en 1962 por Kotepa Delgado (militante comunista), *El Sádico Ilustrado*, fundado en 1978 por Pedro León Zapata (militante del Movimiento al Socialismo), y, de más larga duración, *El Camaleón*, fundado en 1988 por Manuel Graterol, "Graterolacho". Todos sin excepción tuvieron como veta principalísima de sus chanzas la política y sus ejecutores.

Este último –*El Camaleón*– se solazó en hacer chistes sobre mi edad tales como que mi partida de nacimiento había sido encontrada en las pirámides de Egipto o en Machu Picchu. Eso a raíz de una polémica en la Cámara de Diputados con Oscar Yanes, en los años 80, en la que el susodicho diputado rebuscaba entre unos papeles, mientras hablaba desde la tribuna de oradores, pretendiendo encontrar allí mi partida de nacimiento. Evidentemente su único afán era llamarme vieja, lo cual en una mujer es prácticamente una discapacidad. Y si esa mujer se dedica a la política, casi un delito. Era tanta y tan frecuente mi aparición en *El Camaleón* como objeto del deseo de hacer reír que, en una oportunidad, le reclamé a Graterolacho que en dos de sus ediciones no se hubiesen ocupado de mí.

El más duradero programa humorístico de la televisión venezolana –la *Radio Rochela*–, que no logró sobrevivir a la inquina del régimen chavista contra Radio Caracas Televisión, también tuvo como pozo inagotable, a lo largo de sus 44 años de existencia, a los políticos. Sin excluir a los presidentes de la República y sin que por la mente de estos pasara la idea de sancionar o suprimir ese programa. Solo la democracia es tolerante con la sátira política.

Expresado lo anterior como disculpa o justificación, es preciso decir que lo que aquí voy a publicar no es algo que surgió de pronto, no es el producto de un arrebato ni de una ráfaga de inspiración. Es el resultado de más de cuarenta años de practicar algo que, gracias a Wikipedia, me he enterado de que se llama "hemerofilia". El nombre suena como una enfermedad y tal vez lo sea (pero de la mente) y es la manía de coleccionar recortes de periódicos y otras publicaciones impresas.

Cuando me propuse hacer pública mi colección de personajes y sucesos insólitos que archivaba sin orden ni concierto en una ordinaria carpeta marrón, debí comenzar por hacer una selección que tuviese alguna lógica, aunque todo lo coleccionado fuese producto de la falta de ella. Dividí mi tesoro particular en "Temas insólitos de la política" (valga la redundancia), "Obituarios", "Amor y despecho" y "Varios" o "Misceláneos", que no responden a una categoría especial pero que son, por sí mismos, una oda a la cursilería, a posibles trastornos mentales o a la ridiculez. El mayor problema es que después de cuarenta, treinta y hasta veinte años, los recortes de prensa amontonados en la ya mencionada carpeta marrón están amarillentos, arrugados y en muchos casos ilegibles, lo que me supuso la tarea de transcribir sus textos. Pero, para que nadie pudiese barruntar que esos exabruptos fueran producto de mi imaginación (que ojalá pudiera llegar a tales extremos), he fotografiado los textos originales a pesar de su evidente deterioro y de mi discapacidad para recortar de manera recta. Debo disculparme, por tanto, por los avisos, anuncios, remitidos, obituarios, etcétera, que aparecen no solo deteriorados por el paso del tiempo y arrugados por mi descuido, sino también recortados de manera irregular. Nunca pude trazar una línea recta y jamás recortar algo en forma aceptable. No sé si cuando estudié el preescolar, que entonces era kindergarten, se calificaban las materias Plastilina, Recortado y Pegado, porque habría sido aplazada indefinidamente en esas y en todas las que tuvieran que ver con alguna habilidad manual.

Antes de continuar con esta introducción, debo confesar que siempre sentí admiración por los coleccionistas, por su paciencia y empeño. Sobre todo por su devoción hacia determinados animales u objetos. Nunca creí que yo fuera uno de ellos hasta que Wikipedia me reveló cómo se llamaba o llama mi afición. Pero antes que la hemerofilia, el diccionario cibernético me hizo saber que mi mejor amiga y mi querida odontóloga tuvieron ambas una afición llamada "ululofilia", o sea el coleccionismo de figurillas de lechuzas y búhos. No podrán nunca imaginar cuánto agradecí a esas dos queridas personas su gusto por las aves de marras; era tan fácil regalarles. De cada viaje o en cada cumpleaños, vengan búhos. Últimamente no los veo más ni en casa de la primera ni en el consultorio de la segunda. ¿Se habrán aburrido? ¿A dónde habrán ido a parar?

Descubrí que la acumulación o afición por coleccionar billetes se llama "notafilia". El diccionario no aclara de cuántos billetes ni de cuáles. Quizá esta servidora sea algo notafílica porque colecciona billetes venezolanos inservibles, que son casi todos. Pero me limito a los de menor denominación con la esperanza de que algún día, al pesarlos en una balanza, un kilo de ellos pueda servir para pagar un refresco. ¿Pero será notafilia la afición de los banqueros por los billetes? ¿Y la de los corruptos que han saqueado a Venezuela en nombre del socialismo del siglo XXI?

Hay otras clases de coleccionismo ampliamente conocidas y valoradas como la filatelia y la numismática que no ameritan explicación alguna. Pero me dejó boquiabierta que existiera una llamada "glucofilia" o "glucosbalaitonfilia", que consiste en acumular sobres de azúcar. He visto en otros países a personas, sobre todo de la tercera edad, guardando en sus bolsillos o carteras los sobres de edulcorantes que ofrecen en cafeterías y en restaurantes. En Venezuela, cuando escribo estas líneas (2016-2017), el azúcar, en cualquiera de sus presentaciones, ha llegado a ser un objeto de joyería.

Mi colección de cosas insólitas tuvo su punto final al llegar Hugo Chávez al poder en febrero de 1999. A partir de ese momento todo, absolutamente todo en Venezuela fue insólito.

Hechas estas consideraciones debo dar el paso quizá hacia el abismo. Pido algo de comprensión a unos y me disculpo con otros. Para comenzar he tomado la previsión de burlarme de mí misma para atenuar el desagrado de terceras personas. Esta foto fue tomada por mi hermana Raquel en 1987, de un grafiti en la Isla de Margarita en 1988.

Carta anónima que recibí el 15 de octubre de 1984 y que transcribo *ad litteram*:

Señora
Paulina Gamus
Diputado
Congreso Nacional
Caracas, Venezuela

Estimada señora Gamus:

Le hago unas breves líneas para felicitarla por algunas cosas y reprocharle otras. Supongo que es como echar una botella en el mar a ver si llega. Nunca lo sabré.

La felicito por ser quien es y como es. Tiene usted una imagen encantadora y escribe como si no fuera una mujer. No se sorprenda, yo soy un male chauvinist. *No soy venezolano, estoy de paso por Caracas, vengo con alguna frecuencia. Es posible que algún día escriba un libro de impresiones sobre el país y sus gentes. Sé que después de eso no podré volver nunca más.*

Su imagen y sus artículos son refrescantes, hay presencia, hay inteligencia. Sobre todo por el contraste. Se destacan en una prensa tan mala y en una televisión peor. Y –¿por qué no decirlo?– en un partido tan obsoleto. Pero Paulina, se me caen las alas del corazón cuando usted abre la boca. Usted no sabe hablar. Usted habla sin puntos ni comas ni puntos y aparte ni puntos y seguidos ni pausas ni articulación. Es una lástima. Ese traca-traca-traca-traca-traca-traca-traca hiere los oídos.

Me dirá usted que la pasión que pone al hablar la impulsa y se tira usted por la pendiente del lenguaje. Correcto. Pero trate de darle coherencia a la pasión, trate de darle articulación racional. La sensación que se tiene al oírla es que usted es una chica del servicio doméstico, una conserje portuguesa, etc.

Esto hablándole en serio. Lo que le falta a usted para lograr la perfección, la justa ecuación entre imagen y expresión, es un tono culto en el habla. Primero, engage the brain before opening the mouth *[traducción de la autora: conecte el cerebro antes de abrir la boca]. Después recordar que las comas y los puntos tienen su equivalencia oral.*

Ya sé, ya sé que Betancourt tenía voz de pito. Y que Gonzalo Barrios habla como un taxista y que Caldera gime como Julio Iglesias. Pero precisamente por eso el país está así. Con tantas cosas como tienen que hacer es necesario que organicen el habla.

No se ofenda por lo que le digo. Lo hago con la mejor intención. Con un poco de esfuerzo y de práctica usted podrá llegar a manejar mecanismos de elocución que hagan juego con su presencia física y su inteligencia.

La razón por la que le digo estas cosas es porque recientemente la oí por primera vez en el programa de Marcel Granier y tuve algo así como un shock. *Fue un espectáculo horrible ver a ese hombre con esos bigotes, ese tono cansado, interrogando a una mujer que gritaba y manoteaba y parecía perdida...*

Ojalá la próxima vez que pase por aquí y tenga oportunidad de oírla, usted haya corregido ese pequeño defecto.

Sinceramente... (no firmo porque le tengo miedo al sistema judicial venezolano y no estoy muy seguro de que su vanidad no llegue a sobreponerse a su inteligencia).

(Nota de la coleccionista o recopiladora y autora: juro que no he alterado una letra de esta carta, tengo el original escrito a máquina. Nada de computadora.)

Otra pieza de mi colección que sirve de apoyo a mi esperanza de hacer reír a los lectores es la nota de prensa "Los sicólogos y la risa" (*El Nacional*, 19-07-1976), cuya fotografía anexo y que transcribo para facilitar su lectura: "Cardiff, Gales, 18 (Latinter).

Los Sicólogos y la Risa

EL NACIONAL 19-7-76

Cardiff, Gales, 18.
(LATINTER).

Tomándose a sí mismos con extrema seriedad, los sicólogos que participaron aquí de la Primera Conferencia Mundial sobre "El Humor y la Risa", llegaron a la conclusión de que es malo para el hombre tomarse demasiado en serio.

"Por Dios, yo podía haberles dicho eso si me hubieran preguntado", comentó una mujer del personal de limpieza, mientras trabajaba en el salón principal de conferencias del Departamento de Sicología Aplicada de la Universidad de Gales.

La asamblea de cuatro días concluyó hoy después que unos 150 sicólogos hubieran escuchado eruditas exposiciones con títulos tales como "Consideraciones filogenéticas y ontogenéticas para una teoría de los orígenes del humor".

Los sicólogos participantes procedían de Gran Bretaña, Estados Unidos, Canadá, Turquía, Australia, Noruega, Suecia, Francia, Israel e Irlanda.

Pese a las confusiones propias de la jerga especializada, se oyó plantear algunos interrogantes muy claros, como por ejemplo: ¿se están poniendo demasiado serios los jóvenes? ¿Enferma cada vez más la gente por no saber reírse de sí misma? ¿Por qué parecen darse los mismos chistes en culturas diferentes?

El profesor Harold Greenwald, profesor de Sicología del Comportamiento Humano en la Universidad californiana de San Diego, logró consenso general al afirmar que "muchísimos de nosotros estamos enfermos simplemente porque nos tomamos demasiado en serio".

"Estamos llenando de drogas a la gente con problemas mentales, cuando todo lo que necesitamos es contar con siquiatras que tengan sentido del humor", dijo Greenwald, y agregó:

"Si tan siquiera cayéramos en la cuenta de lo absurdo que es el mundo, y de la diminuta partícula que somos dentro del universo, nadie padecería enfermedades mentales... no hay mejor liberador de tensiones que la risa".

Tomándose a sí mismos con extrema seriedad, los sicólogos que participaron aquí en la primera Conferencia Mundial sobre el Humor y la Risa llegaron a la conclusión de que es malo para el hombre tomarse demasiado en serio. 'Por Dios, yo podría haberles dicho eso si me hubieran preguntado', comentó una mujer del personal de limpieza, mientras trabajaba en el salón principal de conferencias del Departamento de Sicología Aplicada de la Universidad de Gales. La asamblea de cuatro días concluyó hoy, después que unos 150 sicólogos hubieran escuchado eruditas exposiciones con títulos tales como: 'Consideraciones filogenéticas y ontogenéticas para una teoría de los orígenes del humor'".

"Los sicólogos participantes procedían de Gran Bretaña, Estados Unidos, Canadá, Turquía, Australia, Noruega, Suecia, Francia, Israel e Irlanda. Pese a las conclusiones propias de la jerga especializada, se oyó plantear algunos interrogantes muy claros, como, por ejemplo: ¿se están poniendo demasiado serios los jóvenes? ¿Enferma cada vez más la gente por no saber reírse de sí misma? ¿Por qué parecen darse los mismos chistes en culturas diferentes?

"El profesor Harold Greenwald, profesor de Sicología del Comportamiento Humano de la universidad californiana de San Diego, logró consenso general al afirmar que muchísimos de nosotros estamos enfermos simplemente porque nos tomamos demasiado en serio. 'Estamos llenando de drogas a la gente con problemas mentales, cuando todo lo que necesitamos es contar con siquiatras que tengan sentido del humor', dijo Greenwald, y agregó: 'Si tan siquiera cayéramos en la cuenta de lo absurdo que es el mundo y de la minúscula partícula que somos dentro del universo, nadie padecería enfermedades mentales. No hay mejor liberador de tensiones que la risa'".

Capítulo I
Política para reír

Por lo general y a lo largo de los siglos, los políticos y sus acciones o ejecutorias han provocado desgracias, críticas, malestares, mofa, pero pocas veces han llegado al extremo de actuar con el propósito, aunque no deliberado, de traspasar los límites de la racionalidad para caer en el abismo de lo ridículo y, peor aún, de lo insólito.

No puede haber otra manera de dar inicio a esta colección de sucesos insólitos y por supuesto jocosos de la política venezolana que no sea repetir un clásico de nuestra picaresca política, como es el "Discurso de Cariaco", tantas veces aludido y que reproduje ya en mi libro *Permítanme contarles* (Caracas, Editorial Libros Marcados, 2012).

Un discurso universal. 1947 se recuerda como un año en que la lucha política adquirió signos de violencia en muchas regiones de Venezuela. Los partidos Acción Democrática (AD), socialcristiano Copei, Unión Republicana Democrática (URD) y el Partido Comunista de Venezuela (PCV) se disputaban las elecciones presidenciales. Asunción Guzmán, militante fundador de Acción Democrática, fue escogido para que hablara en un mitin en Cariaco (hoy capital del municipio autónomo Ribero, del estado Sucre) al que asistiría el candidato presidencial de ese partido, Rómulo Gallegos.

Cuenta el profesor e historiador Alberto Yegres Mago que Asunción acudió a su amigo Andrés Barrios, militante de URD, encargándole que le hiciera un buen discurso político para leerlo el día del acto en la plaza de Cariaco. Barrios, bajo los influjos de las copas en una bodega de Carúpano, diseñó y confeccionó el discurso con el agravante (o atenuante) de que muchas frases y palabras, giros y gracejos fueron añadidos por otras personas que compartían la jarana alcohólica en ese caluroso mediodía carupanero. La tradición oral ha conservado el texto del discurso de Asunción Guzmán, quien frente al público y de espaldas a un descomunal árbol de jabillo, expresó: "Compañeros deportivos, hétenos aquí solemnemente instalados, serena la mirada, seguro el porvenir; aquí en Cariaco con sus ríos caudalosos, sinuosos, brumosos y hermosos. Aquí en Cariaco con sus techos rojos, sus blancas torres, sus azules lomas y sus bandadas de tímidas palomas que hacen nublar de lágrimas mis ojos. Porque Cariaco no es Casanay ni Casanay es El Pilar ni El Pilar es Tunapuy ni Tunapuy es Pantoño ni Pantoño es Cariaco, y yo estoy hablando precisamente aquí en Cariaco [gran ovación]".

"Por aquí pasó un tal Jóvito Villalba [silbidos y rechiflas] y se fue, pero no importa porque, como dijo nuestra querida compañera Juana de Arco, en un mitin de Acción Democrática en Tucupita: '¿Un amor que se va? ¡Cuántos se han ido! Otro amor volverá más duradero y menos doloroso que el olvido!'. Aquí está con nosotros el compañero Severo Cortés, que no es severo ni es cortés pero es valiente. El compañero Severo, antes de la Revolución de Octubre, no sabía leer ni escribir y hoy pesan sobre sus hombros cartapacios y cartapacios de documentos.

"Estamos satisfechos, compañeros, por la obra creada desde el poder. En los años que tiene el compañero Rómulo Betancourt al frente de la Junta Revolucionaria de Gobierno, hemos construido nada menos que la cordillera de los Andes, la cordillera de la Costa, el cabo de Tres Puntas, San Francisco, Malapascua, Punta Cardón, Punta Arena y la península de Araya. Y si no hemos hecho el acueducto de Margarita, a los adecos nos cabe la honra de haber hecho la isla, que no es lo mismo.

"Acuérdense, compañeros, del compañero Francisco Bermúdez,

que montado en lo alto de este jabillo dijo: '¡Cariaqueños, desde lo alto de este jabillo cien siglos os contemplan!'. Acuérdense del compañero Simón Bolívar cuando paseaba en las glándulas llenas de belleza, allá en Venecia, con su prima Fanny, y acuérdense también del compañero Jesucristo, cuando con cinco panes y cinco sardinas les dio de comer a cinco mil personas, y eso que no había Junta Reguladora de Abastecimiento.

"Compañeros, fíjense hasta dónde llega el sectarismo de los urredistas, el sectarismo marrón, que una obra como *Romeo y Julieta* ellos dicen que la escribió un tal Chakespiare. Claro, porque ese Chakespiare es urredista. Pero todos sabemos en el partido que esa obra salió de la pluma vigorosa del compañero Domingo Alberto Rangel. Compañeros, yo lo único que les pido es que voten por Rómulo Gallegos para la presidencia de la república. Gallegos es grande en el pensamiento y en la acción. Gallegos es tan grande, compañeros, que es capaz de echarse él solo encima a la América del Norte, a la del Sur, a Monagas, Anzoátegui, Nueva Esparta y Trinidad. ¡Abajo la banca, abajo la industria, abajo el comercio! ¡Viva Acción Democrática!".

(Estruendosos aplausos, gritos, silbidos y rechiflas que impidieron entender las últimas palabras.)

Un griego sin fronteras y sin límites

Al abrir mi carpeta marrón han saltado de primeros los muchos recortes de prensa correspondientes a un personaje de la picaresca acciondemocratista. Era un hombre bueno, jovial, amable, risueño. No podría decir si indiferente o ignorante de las burlas de esos mismos a los que dedicaba sus mejores esfuerzos por dirigir, ya fuera como miembro del Comité Ejecutivo Nacional o de representar en calidad de diputado al Congreso Nacional. Su nombre: Demetrio Fyssicopulos B. Mi primer encuentro con este personaje, que sería de leyenda si no hubiese sido de carne y hueso, ocurrió siendo Carlos Andrés Pérez presidente electo de la

República de Venezuela, en enero de 1974. Demetrio Fyssicopulos, en su faceta de artista plástico, inauguró una exposición de sus obras, todas en gran formato, en el *lobby* del Hotel Caracas Hilton. La exposición era un homenaje al recién favorecido por el voto popular y como tal debía ser él quien cortara la cinta del acto inaugural. El presidente electo no pudo contener asombro ni risa: uno de los inmensos cuadros se llamaba *Liberación del sexo*; se trataba de un descomunal pene (falo) de color rosa flamingo que atravesaba una alambrada de púas, mientras en el piso aparecían unas gotas de sangre. No tantas como las que hubiese merecido tan heroico y doloroso acto. Otra de las obras tenía por título *Flores marchitas en el burdel*; representaba a tres mujeres flacas, esmirriadas, fanés, descangalladas y vestidas con harapos, bajo unas farolas de color rojo.

El segundo acto de este personaje sería el *curriculum vitae* que envió al ya investido presidente Carlos Andrés Pérez, con la aspiración de obtener alguno de los cargos allí señalados. Procedo a transcribirlo sin agregar una letra y apenas obviando algunos detalles tediosos:

"Apellidos: Fyssicopulos Bocavalas. Nombre: Demetrio. Fecha de nacimiento: 27 de octubre de 1922. Lugar de nacimiento, Orestea, Grecia. Nacionalidad: venezolana. Estado civil: casado. [Cédula, dirección y teléfonos se omiten.]

"Estudios: Primaria en la ciudad de Salónica, Grecia, 1930-1935, secundaria en el Liceo Militar, graduado de bachiller en 1941. Curso Especial para la Resistencia: Londres, Gran Bretaña, 1941-1942. Curso Especial para Comandos: Londres, Gran Bretaña, 1943-1945. Curso Especial Avanzado de Espionaje y Contraespionaje, Estado Mayor, Insurrección y Contrainsurrección: Londres, Gran Bretaña, 1952-1953. Derecho, Universidad Central de Venezuela, 1947-1952 (invalidados mis estudios y expulsado del país por el dictador Marcos Pérez Jiménez). Filosofía, Sicología y

sus cuadros dirigentes, que me brinden la oportunidad de compar-
as inquietudes, los sinsabores, los peligros, los sacrificios y las
zaciones que desde la Secretaría Nacional de Profesionales y Técni-
e Acción Democrática, se producirán bajo el desempeño de las fun-
es inherentes: porque mi candidatura es y será convergente, pero
más, obstinadamente militante con los más ortodoxos anhelos y
ósitos de Acción Democrática; soy como dicen por allí, un hombre
nto en el planteamiento y en la acción, eso lo acepto, pero por eso

ismo sé que llevaré el programa de acción que aquí esbozo, a feliz tér-
ino y que cuando deje la Secretaría, dejaré detrás de mí un monolito
rmado por la concertación de la trilogía: Profesional, Interés, Partido y
presencia vigorosa de los Profesionales y Técnicos de Acción De-
ocrática, tanto en el ámbito de la actividad partidista, como en el con-
xto estructural de la Nación.

A Acción Democrática le he comprobado que no aspiro cargos por el
argo mismo, por ello que hoy, al solicitar la Secretaría Nacional de Pro-
esionales y Técnicos, sin falsas modestias puedo afirmar que lo hago por
azones de elemental estrategia, por cuanto tenemos que enfrentarnos a
n adversario —como partido político— no tradicional, de preparación,
ensamiento y praxis antagónicos al ser y hacer del venezolano.

En artículos de opinión como ''Una Oposición Desestabilizadora'',
'Mucho Cuidado'' y ''El Desiderátum'', entre otros, dejé establecida
ara aquéllos que piensan y leen, la situación política a la cual nos llevará
a actual administración operada por una concepción y praxis que yo ad-
erso; pero eso no obsta para que admire a su ejecutor por el alto grado
e capacitación que ha imprimido a su ser; independientemente de soste-
er que esa ejecutoria puede traer consecuencias incognoscibles e inclu-

Sexología: autodidacta. Estudios esotéricos: Teología, Teogonía, Parapsicología, Metafísica, etc., etc., etc. En la Orden Rosacruz, grado de gran maestro, 1970. Estudios esotéricos avanzados: Escuela de Librepensadores de Martinica, 1970-1974. Artes plásticas y escultura moderna: cursos en Grecia, Londres y Venezuela.

"Conocimientos generales: Electricidad, carpintería, plomería, mecánica general, telecomunicaciones, dibujo técnico, decoración, construcción, albañilería, pintura, minería, piedras preciosas, comercio, administración, contabilidad, mecanografía, fotografía, diseño arquitectónico y manualidades.

"Idiomas: Castellano, griego e italiano 'actualmente' [sic] [Nota de la autora: pasó casi diez años estudiando en Londres, pero al parecer no se le dio el inglés.]

"Trabajos esotéricos: Sobre la importancia de la información en la formación de la conducta del *Homo sapiens*; sobre la penetración en la dimensión del pensamiento; sobre la transmisión del pensamiento; sobre la base sostenedora del monoteísmo; sobre la paraconciencia. Fundador de la orden 'Tacaísmo'.

"Deportes y actividades deportivas: Lucha olímpica, judo cinta negra, jiu-jitsu cinta marrón, fisiocultura, submarinismo, paracaidismo, tiro de arco y cuchillo, tiro de fusil y pistola, caza mayor, excursionismo y espeleología.

"Expediciones: Nacientes del río Orinoco, salto Ángel (escalamiento), Canaima, río Cuchivero 'nacientes', Alto Paragua, Alto Caroní, grutas de Cerro Negro, grutas de las cercanías de El Ávila y otras de menor importancia.

"Actividades artísticas: Ha producido más de 500 pinturas al óleo y unas 30 esculturas.

"Inquietudes artísticas: Cursos de baile, algo de música en los instrumentos sinfonía y tumbadora.

"Inquietudes literarias: Ensayos: *La subversión dirigida como antídoto antisubversivo, Macchiavello, su frustración y venganza. Pensamientos*".

Vienen luego los datos familiares (nombre de los padres, profesión, etcétera), que la autora omite.

"Actividades en Venezuela: 1946, electrificación de San Fernando de Atabapo (Territorio Federal Amazonas); 1948, fundó en Caracas la Oficina de Estudios Eléctricos; 1949-1950, construyó el primer centro comercial en Sabana Grande; 1949, fundó en Caracas la primera industria manufacturera de aluminio; 1949, fundó en Caracas la primera línea de autobuses Plaza Bolívar-La Pastora; 1953, fundó en Caracas la cervecería La Caraqueña en la esquina de El Conde, lugar de reuniones clandestinas".

Para no aburrirlos, resumiré sus actividades entre 1954 y 1973 (año del triunfo electoral de Carlos Andrés Pérez): registro de patentes, entre ellas una mira para tiros nocturnos; fundó la revista *El Espejo Hípico*; representó a Charles Atlas en Venezuela (¿lo recuerdan mis contemporáneos, el mundialmente famoso de la propaganda del raquítico que se vuelve atlético con sus ejercicios?); fundó en Caracas la OTAL (???).

Omitiré las quince variopintas empresas que Demetrio representó, según su amplísima descripción curricular. Pero imposible pasar por alto las actividades partidistas, siempre, por supuesto, dentro y para Acción Democrática. Se incorporó a la juventud del partido en 1947 (25 años de edad), tuvo actuación en los liceos Andrés Bello de Caracas, Baralt de Maracaibo, en la Universidad Central de Venezuela, con el grupo de la Placita de San Lázaro en La Hoyada y en las Veredas de Coche. Hecho preso por la Seguridad Nacional en 1952, regresó al país en el 53. Preso de nuevo en el 54 y canjeado por su padre por la suma de Bs. 600.000 que le debía un policía de la SN de apellido Casado al padre de Demetrio. Participó en la toma de la Seguridad Nacional en enero de 1958; participó en el aplastamiento del alzamiento (sic) del cuartel de la Policía Militar de Miraflores. Hace luego una larga enumeración de sus actividades partidistas, que van desde el proselitismo hasta la realización de diversos actos de promoción de la candidatura de Carlos Andrés Pérez, con fondos de su propio peculio. Se destacan "una serie de movimientos de intoxicación en los cuadros medios de la militancia de Copei" y una serie de actividades que presentó en informe confidencial al ya nombrado CAP, ahora Presidente de la República.

"CARGOS QUE ASPIRO [en mayúsculas porque es la joya de la corona]: Comisionado (quejas y reclamos); Comisionado del Presidente para el Control del Rendimiento de Empleados Públicos e Institutos Autónomos (no existe); Director de la Dirección Nacional de Inteligencia y Prevención de la Evasión Fiscal adscrita a la Presidencia de la República (no existe); Director del Servicio de Inteligencia Exterior adscrito a la Presidencia de la República (no existe); Director de Inteligencia y Prevención del Consumo y Tráfico de Estupefacientes adscrito a la Presidencia de la República (no existe); Director de la Dirección de Información Integrada para la Planificación Política, adscrita a la Presidencia de la República (no existe); Director de la Dirección de Información sobre la Seguridad del Mundo Libre, adscrita a la Presidencia de la República (no existe); Director de la Dirección de Información sobre Áreas Estratégicas Internacionales, adscrita a la Presidencia de la República (no existe) y, ¡en último caso!, Director de la Dirección Nacional de Identificación y Extranjería". (Nota de la autora: la única que existía.)

Ante el evidente fracaso en ver satisfechas sus aspiraciones burocráticas, el amigo Fyssicopulos emprendió un largo, tortuoso y sobre todo costoso camino para ser electo a cargos de dirección partidista o ser incluido en la lista de candidatos para diputados al Congreso de la República. Nadie supo nunca cómo obtuvo Demetrio la fortuna inmensa que invirtió o, para ser mas exactos, dilapidó en aras de sus ambiciones políticas. Compró páginas enteras de la prensa nacional para autopostularse a la Secretaría de Profesionales y Técnicos de AD, a la Secretaría Nacional de Organización, al CEN del partido y –con 100.000 (léase bien, cien mil) firmas de respaldo– para que se lo candidateara a diputado. Imposible, dado el tamaño de los cien mil nombres publicados, saber quiénes eran y, además, ¿quién los iba a contar? Para corroborar todo lo dicho, se insertan a continuación algunos de los citados remitidos de prensa.

El revolucionario de la inteligencia

Venezuela no es un país fácil para los inventores y mucho menos si se trata de ideas, es decir, de cualquier cosa que no sea visible y palpable. De la incredulidad se pasa rápidamente a la burla, que es la manera más fácil de descalificar lo que no se comprende. Un caso emblemático de esta conducta fue el de Luis Alberto Machado, uno de los venezolanos más cabales y transparentes que he conocido. Todo comenzó cuando el presidente Luis Herrera Campins (1979-1984) decidió crear un ministerio para el Desarrollo de la Inteligencia y designar ministro de ese despacho al ya mencionado doctor Luis Alberto Machado, quien en 1975 había publicado su obra *La revolución de la inteligencia*. Machado había sido secretario de la Presidencia en el primer Gobierno de Rafael Caldera (1969-1974), un cargo equivalente a lo que luego sería el Ministerio de la Secretaría de la Presidencia. Debo confesar que recuerdo muy poco del paso del doctor Machado por ese cargo. Su salto a la fama ocurriría cuando el otro presidente socialcristiano se impresionó con esa obra y decidió que el autor, designado ministro de Estado, podría llevar a la práctica esa revolución.

Un aparte para señalar que no hubo Gobierno en Venezuela que no haya prometido una revolución de cualquier cosa o de cualquier color, incluidos por supuesto los democráticos que se sucedieron entre 1959 y 1999. Me tocó trabajar dos años (1975-1977) en el ministerio en que se producía la llamada "revolución educativa". Esas "revoluciones" tenían corta vida ya que el Gobierno que sucedía al anterior inventaba las suyas propias, no sin antes borrar del mapa las anteriores. Hasta que llegó la que se encargaría de perdurar para destruir social, material y moralmente a Venezuela.

En su Memoria y Cuenta presentada ante el Congreso en 1981, Luis Herrera Campins señaló que "por primera vez en la historia se le ha otorgado al desarrollo de la inteligencia de todos los hombres el carácter de un asunto de Estado, de un problema de Gobierno, de una decisión política con una clara y precisa orientación democrática, porque se trata de desarrollar al pueblo y, en especial, a los pobres, lo que traerá necesariamente un cambio radical y definitivo de todas las estructuras".

Machado proponía, y fue el programa que desarrolló desde su despacho, que se enseñara a pensar en las escuelas venezolanas. Pero los mamadores de gallo (burlones de oficio) empezaron a hacerlo blanco de sus chistes, al igual que los medios humorísticos. La gota que derramó el vaso de la seriedad que debieron merecer sus ideas fue la enseñanza de violín a los indios pemones. Por aquellos días me sumé al coro de los que se chanceaban del asunto y escribí algo en tono sarcástico, no recuerdo si en *El Nacional* o en *El Diario de Caracas*. Al día siguiente de la aparición del artículo recibí una llamada del ministro Machado: me agradecía por haberlo escrito y me invitaba a conversar con él en su despacho un día a las 12:30 pm. La hora me pareció poco adecuada para personas que acostumbran almorzar, pero no iba a hacerle un feo al ministro que había sido tan gentil.

Llegué a la hora exacta a la sede del Ministerio de la Inteligencia, no había una secretaria o un portero para hacer la antesala y anunciarme. Ni un vaso de agua y menos un café. El ministro Machado me recibió a la 1 y 10 minutos y comenzó a hablar. Hacía calor, no había café, nadie me dio agua y el ministro hablaba y hablaba hasta que su voz se fue transformando en una suerte de canción de cuna porque caí en un sueño profundo, creo que hasta ronqué porque terceras personas alegan que ronco y de manera sonora. Desperté una media hora después y Machado seguía hablando impávido, sin darse por enterado de mi falta total de atención a sus palabras. No sé cómo pude poner punto final a ese monólogo y despedirme, muerta de sed y de hambre. Luego supe por chismografía no comprobada visualmente, pero por una flacura y un color cetrino que saltaban a la vista, que Luis Alberto Machado era casi un asceta. Vegetariano y de muy escaso comer, incluso vegetales.

Una dama de la clase social que los chavistas llamarían la "oligarquía caraqueña" y que los demás solemos llamar los "amos del valle" narraba que había invitado a Luis Alberto Machado, compañero de estudios de su hijo, para agasajarlo por su nombramiento como ministro. Se esmeró en ordenar los platos que solían ser los preferidos del invitado en sus tiempos de estudiante. El huésped de honor no probó bocado, pero se extendió en alabanzas a lo deliciosos que le parecían todos. La dama indignada le preguntó, ante el intocado postre, si se estaba burlando de ella. Pero Machado sin inmutarse le explicó que para saber que algo estaba exquisito y disfrutarlo, no era necesario comerlo.

Se dijo que en la Universidad de Harvard se había adoptado el método de enseñar a pensar de Luis Alberto Machado. Autores de temas relacionados con la inteligencia como Edward de Bono, Martin E. P. Seligman y Robert J. Sternberg lo citaron en sus obras. Pero como nadie es profeta en su tierra y menos en esta de gracia como se llamó a Venezuela, las burlas no cesaron hasta que, con la llegada de Jaime Lusinchi a la presidencia, en 1984, esa cartera ministerial fue eliminada. Años después mucha gente, incluso periodistas considerados profesionales muy serios, se ensañaron con el exministro. El detonante fue su aspiración a la presidencia de la república. La fecha electoral no estaba cerca, apenas estábamos en 1991 y la próxima contienda electoral sería en diciembre de 1993, pero según el refrán criollo, es importante "picar adelante" y quizá fue eso lo que animó al prematuro aspirante presidencial. Es menester agregar que no se puede atribuir todo ese ensañamiento a la maldad de algunos comunicadores y columnistas: el exministro y ahora candidato en ciernes abonó mucho con algunas declaraciones públicas de las que guardé estos testimonios gráficos que se copian en estricto orden cronológico.

Estaba en su etapa final la llamada Guerra del Golfo (2 de agosto de 1990 al 28 de febrero de 1991) cuando Luis Alberto Machado se sintió llamado para evitar más muertes en ese conflicto armado. Le pidió apoyo al presidente Carlos Andrés Pérez para viajar a Irak y mediar entre las fuerzas enfrentadas, en vista del fracaso de la ONU y de otras iniciativas y amenazas. En mi opinión, los aspectos más relevantes de la carta a CAP (que puede leerse en su totalidad) son la certeza de que "si Bolívar viviera hoy, hoy mismo se trasladaría a Bagdad" y que "...he dedicado mi vida al dominio de estrategias para la creatividad, la resolución de problemas y la toma de decisiones. (...) Tengo contacto directo con los expertos más capacitados del mundo en estas técnicas y puedo convocarlos a una reunión en Bagdad o en cualquier lugar del mundo (...) Con este objetivo quiero viajar a Bagdad de inmediato y ser recibido por el presidente Hussein. Otórgueme las credenciales correspondientes. Deme su apoyo".

Puede parecer cosa de locos, pero todo lo que ocurrió en Irak con Bush I y Bush II fue absolutamente cosa de locos. ¿Quién quita que nuestro compatriota Luis Alberto Machado hubiese tenido éxito en sus propósitos de paz?

El 10 de febrero de 1991, *Feriado*, que era un suplemento del diario *El Nacional* de Caracas, publicó una entrevista de dos páginas y media que le hizo el conocido periodista Manuel Malaver al ex ministro de la Inteligencia, quien, como dijimos, había anunciado sus aspiraciones presidenciales. La lectura de esa entrevista y reproducir las fotografías resultó muy difícil, por lo que me he permitido transcribir algunos párrafos.

Para empezar el título ya lucía bastante irrespetuoso: "Loco de metra", pero aparentemente tal calificativo no alteraba en lo más mínimo el carácter apacible y el buen humor del entrevistado. La descripción que hace de Luis Alberto Machado el periodista Malaver, como inicio de la entrevista, reza: "Nada lo enerva, nada lo confunde, nada lo distrae. Ni la mañana, ni la noche, ni la tarde, ni el mediodía son suficientes para llamar la atención del hombre más monotemático del mundo. Gesticulando, hablando, caminando, derrite las ideas con el fuego de los violentos, con la fiebre de los iluminados. Huesudo, largo, filoso, apasionado, parece escapado de una película de Sergei Eisenstein (...) Una de esas típicas figuras religiosas para quienes no fue hecha la duda, ni lo mínimo, ni las sombras, ni el crepúsculo, ni lo cotidiano".

El periodista Malaver le recuerda que ya no es solo el hombre de la revolución de la Inteligencia o el jefe de la fallida campaña presidencial del candidato copeyano Eduardo Fernández, para quien inventó el eslogan o consigna de "El Tigre", sino también el hombre de la metra (canica) como símbolo de la paz. ¿Cuándo, cómo y por qué le surgió esa idea? Respuesta de Machado: "Yo para esto me asesoré con niños. Justamente aquí vinieron unos niños, dejaron una metra en la alfombra, yo la recogí y noté que era una Tierra en miniatura. Salía en ese momento para una entrevista sobre la paz en Radio Caracas Televisión y me dije en el camino: 'iEsta es la Tierra en miniatura, la paz está en mis manos, los niños!'. Y ahí empezó todo. Una hora más tarde la presentaba ante Venezuela y el mundo como el nuevo símbolo de la paz". Agrega luego que, a diferencia de la paloma, que es el símbolo universal de la paz, un símbolo etéreo, inasible, distante, "la metra es nuestra, es un símbolo de los juegos de nuestros niños. En la metra están simbolizados los niños. Y como la metra es una Tierra en miniatura, la paz de todos los niños está en nuestras manos".

Más adelante el periodista Malaver pregunta al candidato de la metra si él no es utopista. Responde Machado: "La utopía con la que yo sueño es una en la cual los dirigentes tengan como misión trabajar para dejar de ser dirigentes". "¿Pero usted quiere ser presidente de la república?", le señala Malaver. Respuesta: "Sí, pero, justamente, para cercenar el poder de la dirigencia y el poder del Estado". Para concluir la entrevista, Manuel Malaver le pregunta al entrevistado por qué quiere ser presidente de la república. Respuesta de LAM: "Porque quiero realizar desde Venezuela la revolución de la inteligencia para democratizar la ciencia y democratizar la vida, para que cada ser humano sea dueño de su propio destino". Pregunta final de Malaver: "¿Y no tiene miedo de que, después que haga la revolución de la inteligencia, los inteligentes procedan a colgarlo?". "Bueno –responde Machado–, en todo caso no me colgarán los inteligentes, sino los brutos".

Otro de los recortes de prensa relacionados con el doctor Luis Alberto Machado fue el de una noticia publicada por *El Universal* de Caracas, el 20 de noviembre de 1991. El titular: "En carta a CAP: Huelga de hambre por Cuba anuncia Luis Alberto Machado". La carta comienza así: "He decidido declararme en huelga de hambre cuando, frente al doble bloqueo que rodea hoy a Cuba, muera el primer ser humano por falta de medicinas o de alimentos.

Huelga de hambre activa, militante, universal. Hasta que 'huelga de hambre' se convierta en 'guerra de hambre' y los seres humanos se movilicen para que nadie más muera". Machado concluye su carta aclarando que no es marxista, que en el pasado dio suficientes muestras de oponerse a la guerrilla castrocomunista y publicó su obra *Afirmación frente al marxismo*; que fue secretario de la Presidencia durante el primer Gobierno de Rafael Caldera, quien fue el artífice de la pacificación en Venezuela. "Tengo plena conciencia de la magnitud del riesgo, sueño con proyectos para muchos años más. Quiera Dios que pueda realizarlos".

Como a esa carta antecedieron y siguieron otras, el semanario humorístico *El Camaleón* le dedicó una página completa con el encabezado "Las cartas del Dr. Luis Alberto Machado". Siendo imposible leer los textos en la fotografía de esa página, haré un resumen de los destinatarios de las cartas y el saludo inicial de cada una: La carta a Saddam Hussein, escrita en un supuesto árabe, dice: "Barchante, déjate de bainas y bara esa guerra loca, bana, que te van a ablastar como chiriba en cocina. Si me mandas basaje y biáticos, me boy hasta allá a decirte qué hacer. Fraterno babucho". Carta a Bush (padre): "Mai díar fren, míster Président: Ai sink yu ar poniendo la torta, man...". Carta a Fidel Castro: "Cosa más grande, mi socio: Enterado de tus problemas con los proble-

*Arropado por la aureola propia
de los hombres destinados a cortar
las aguas en dos mitades exactas,
Luis Alberto Machado, ex copeyano,
ex instructor de violín de los indios
pemones, decidió hablar en esta
entrevista de lo humano que encierran
sus teorías, pero sobre todo,
de lo divino que sería
ser presidente de la República*

Loco de metra

mas del Gorba (...) mándame a buscar en una guagua, resérvame cabaña en Varadero y primera fila en el Tropicana, que parto veloz". Carta al Papa: "Mi molto admirado Papa amigo, Luis Alberto está contigo. In cuesto caso de l'Arabia, tengo la soluzione, sendimi ticket de Alitalia y guárdeme aposento frente a la Fontana de Trevi, incluyendo la papa e viáticos". Carta a Menem: "Che, amigo patilludo, mándame pasaje y viáticos, estoy loco de morfármela con vos y decirte cómo salir del ofsai en el que estás metido". Carta a Fujimori: "Querido huascarán fuyi, enterado de que te tienen sin dejarte salir, me ofrezco ir allá con secreto mochica chimú, para que puedas aportar solución al conflicto árabe hecho el japonés. Envía pasajes y soles que yo muero callao. Evangélicamente amigo". Omito las cartas a Helmut Kohl, Gorbachov y Violeta Chamorro.

Luis Alberto Machado fue candidato presidencial independiente en 1993 y obtuvo el 0,12% de los votos. Seguramente quedó decepcionado por la escasa inteligencia de los electores que votaron mayoritariamente por su exjefe Rafael Caldera y el llamado "chiripero".

Muchas veces lo encontré en reuniones en las que se pretendía entender y combatir el fenómeno Hugo Chávez. Lamentablemente ese hombre bueno, transparente, ingenuo y optimista se retiró de la escena pública por demencia senil o mal de Alzheimer y falleció en febrero de 2016. Lo más insólito entre las cosas insólitas es que Wikipedia le dedica apenas unas líneas, como si su paso por este mundo no hubiese dejado alguna huella.

Obligatorio ser originales

Muy lejos quedaron los tiempos en que un partido como Acción Democrática pudo tener la aceptación y el voto del 75% de los venezolanos con un emblema de extraordinaria simpleza: un pequeño campesino tocado con sombrero de cogollo, calzado con alpargatas, vestido con liquilique de dril y con un pan de a locha (moneda que difícilmente alguien menor de 60 años conoce) debajo del brazo. El lema era "¡Pan, tierra y trabajo!". En la medida en que se sucedieron los gobiernos democráticos de AD y Copei y aumentaron y se diversificaron los medios de comunicación –especialmente con la llegada de la televisión–, los candidatos presidenciales se vieron obligados a hacer ofertas cada vez más originales y en algunos casos inverosímiles. Lo curioso es que la gente se las creía y votaba por ellos.

Por ejemplo, Rafael Caldera ganó por muy escaso margen las elecciones de diciembre de 1968 al ofrecer que construiría 100 mil casas por año. Por supuesto que no pudo construirlas y el incumplimiento de esa promesa se unió a otras circunstancias, como el inicio de una corrupción más abierta y un cierto auge del delito, para que Carlos Andrés Pérez ganara las elecciones de diciembre de 1973 con el lema "Democracia con energía", vestido con llamativos sacos a cuadros y pegando unos saltos casi olímpicos. Los venezolanos siempre hemos tenido debilidad por los gobernantes mano dura, de allí el filo militarismo ancestral. Los adversarios pretendieron desanimar a los electores presentando a CAP como el ministro represor de Rómulo Betancourt, aquel que persiguió y encarceló a los alzados en armas de la guerrilla castrocomunista en los 60. Pero le hicieron un inmenso favor: era un "gocho" (andino) con "tabaco en la vejiga".

Con la "Gran Venezuela", producto del incremento inédito de los precios del petróleo, llegó también la Venezuela saudita y una danza de millones que necesariamente intoxicó al país y provocó una corrupción obscena. Entonces surgió Luis Piñerúa con su lema "¡Correcto!" y su promesa de acabar con la corrupción, lo que no dejaba de resultar contradictorio, siendo Piñerúa candidato de Acción Democrática, el mismo partido que gobernaba con CAP. La mayoría le creyó más a Luis Herrera Campins con su lenguaje campechano, su disfraz de llanerazo y sus consignas "¿Dónde están los reales?" y "Luis Herrera arregla esto". Cinco años después, no solo no había arreglado nada, sino que estropeó mucho de lo que había y acabó con la ilusión del país rico en el que todos teníamos un pedacito de la torta de aquel festín. Después de haber disfrutado de precios petroleros más elevados que los del Gobierno de CAP, su errática política económica produjo el "Viernes Negro". Fue el triste despertar de la clase media venezolana de ese sueño de bienestar de los cinco años de Pérez I, los del famoso "ta' barato, dame dos" de los venezolanos que inundaban las tiendas de Miami.

Pocos días antes del acto electoral de diciembre de 1978, el Diario *El Nacional* invitó a un coctel a todos los candidatos con sus esposas. Me tocó ir en la comitiva de Luis Piñerúa y de su esposa Berenice. Mientras los periodistas y otros asistentes rodeaban a los candidatos de AD y de Copei, me acerqué a saludar a Héctor Mujica, candidato del Partido Comunista de Venezuela, periodista y amigo encantador. Le pregunté por su esposa Julia y me respondió que, al hablarle de ese ágape, ella dijo que con una sola persona que hiciera el ridículo en la familia era suficiente. Luego me contó que iba en una gira por Mérida en un pequeño automóvil cuyo conductor hacía las veces de anunciante de esa visita con el uso de un megáfono. De una casa salió una ancianita agitando las manos a manera de saludo. Mujica bajó emocionado del automóvil ya que esa señora era la única persona que se daba por enterada de su presencia, la abrazó y la viejecita le preguntó: "Mijo, ¿cuándo viene Piñerúa?

***

Rafael Caldera, el candidato congénito y crónico del partido socialcristiano Copei, quiso competir –como era su costumbre– en las elecciones de 1983 e imaginó que la gente se dejaría conquistar con su "Banco del Amor". El mismo, según anunció el jefe de campaña del candidato Caldera, Eduardo Fernández –secretario general de Copei–, podría tener como logotipo "un enorme corazón iluminado con luces de neón". La idea era facilitar la adquisición de viviendas a las parejas jóvenes con intenciones de contraer matrimonio. Pero los periodistas no pudieron evitar las bromas y en una reseña de *El Universal* se podía leer cómo el periodista Jorge Villalba atribuye a los presentes conjeturas sobre "cuál sería el valor de cambio legal que aceptaría el nuevo banco o qué pasaría si algún cheque llegara a rebotar".

La oferta resultó insuficiente ante el rechazo que las mayorías manifestaban por el Gobierno copeyano de Luis Herrera Campins, del mismo partido de Caldera. Jaime Lusinchi ganó por amplio margen las elecciones de diciembre de 1983 con una muy sencilla frase como consigna o eslogan, copiada de un candidato norteamericano, "Jaime es como tú", y el monosílabo "¡Sí!" que acompañaba su imagen. Quizá esa elección fue la última en los cuarenta años de democracia venezolana en la que figuras destacadas de la farándula, del deporte y de otras áreas manifestaban públicamente, en mensajes publicitarios, su preferencia por cada candidato. Además, fue una oportunidad para que varios militantes de la izquierda exquisita se pasaran de bando y formalizaran sus simpatías por Jaime Lusinchi, candidato de AD, un partido antes tan repudiado por esa izquierda.

***

En la elección presidencial de 1988, el oponente de Carlos Andrés Pérez (de 66 años de edad), que aspiraba a la reelección animando la esperanza del retorno de la "Gran Venezuela", fue el candi-

Sin duda una referencia a Leopoldo Díaz Bruzual, irritable y siempre malhumorado presidente del Banco Central de Venezuela durante el Gobierno de Luis Herrera Campins y perpetrador, entre otros, del "Viernes Negro"

45

dato socialcristiano Eduardo Fernández, de 49 años, quien se vio atrapado entre la inconveniencia de atacar al Gobierno de Jaime Lusinchi, que concluía en medio de gran popularidad, y de no encontrar una fórmula convincente para reducir la ventaja de CAP, cuyo eslogan era "La fuerza de la esperanza". Además, con el fondo musical del mismo *jingle* de su triunfante campaña de 1973, "Ese hombre sí camina, va de frente y da la cara", y videos que repetían los saltos de huecos y de charcos, aunque esta vez menos acrobáticos que quince años atrás. No le quedó otro camino a Eduardo Fernández que presentarse como un hombre de gran carácter, astucia y fuerza, nada menos que un "Tigre", apodo que le inventó, como leímos antes, su jefe de campaña Luis Alberto Machado.

De esa campaña es la foto que incorporé a mi archivo de política no tanto insólita como divertida.

Otra estrategia electoral del candidato copeyano fue mostrarse como un hombre de gran sensibilidad social, hasta el punto de ir a dormir a ranchos en barriadas populares con su esposa María Isabel. Las chanzas en este país de "mamadores de gallo" no se hicieron esperar.

Los otros candidatos fueron Teodoro Petkoff por el Movimiento al Socialismo (MAS), Jorge Olavarría por Opina, José Vicente Rangel por una alianza de MEP, PCV y Liga Socialista, Gonzalo Pérez Hernández por el partido MIN de Rhona Ottolina, Andrés Velásquez por la Causa Radical (Causa R), el psiquiatra y ex rector de la Universidad Central de Venezuela Edmundo Chirinos y uno que, a pesar de no figurar en los numeritos finales, fue el más original y auténtico de todos cuantos compitieron: Pedroza, "El Propio", del Partido Legalista de Venezuela.

Decía Pedroza: "Nos han llevado y nos siguen llevando riquezas de Venezuela a países lejanos y no son los diablos. El mango, que era comida de cerdos y de caballos, actualmente cuesta Bs. 8 el kilo, mamón a 14, aguacate con pepa a 24. Cuarenta y siete

años atrás cien kilos de auyama costaban un bolívar, ahora cuesta Bs. 4 el kilo...". Dice luego que destruyeron cocales y otros árboles frutales criollos para construir quintas de más de 10 millones de bolívares cada una y trajeron unos árboles insípidos (sic) que no dan frutos. Pasa a hacer la historia del ferrocarril en el estado Guayana (1881) y el de La Guaira (también en 1881). Entra de inmediato y sin establecer relación directa, a denunciar que le fueron robadas numerosas planchas de zinc, tubos de todas las medidas, flotantes, bañera, lavamanos, etcétera, firmas del partido, sus estatutos. Los daños sobrepasan los 5 millones de bolívares. "El presidente de la república, Dr. Luis Herrera Campins, está en la obligación de ordenar que me paguen los daños ya causados ya que fue a los pocos días de entrar en el poder que me hicieron ese asalto ordenado por alguien de la dirección del Metro". Continúa refiriéndose al desalojo de su vivienda por las obras del Metro de Caracas.

A continuación Pedroza a despotrica de los políticos: "¿Qué han hecho estos candidatos y políticos que tienen tantos años en el Congreso, en el Concejo Municipal y en diversos cargos con viático libre para viajar a todas partes y que ahora están llorando como niños recién nacidos detrás de un biberón para seguir chupando? (...) El futuro de Venezuela y de sus habitantes está en pico de zamuro y la única esperanza de salvación de la patria soy yo, Francisco de Paula Pedroza, porque aquí nadie ha hecho nada apartando a Juan Vicente Gómez, que nunca pidió prestado ni limosnas a ninguna potencia extranjera". Y luego el programa resumido del candidato Pedroza: "Soy el secretario general del Partido Legalista de Venezuela, que significa legal [sic], justicia, cumplirla y hacerla cumplir. Que el que se haya comido los mamones que regrese las conchas [cáscaras, para que no haya confusión con el significado de la palabra en otros lares] y las semillas al país para que vuelva la abundancia. Las cárceles las convertiré en industrias. A un niño de 8 [ocho] años lo convertiré en arquitecto

a entregó los símbolos de su partido

tes a participar en la feria electoral que se avecina ya entregó en la Dirección de
Consejo Supremo Electoral los símbolos y demás recaudos del partido que pien-
ar a la Primera Majistratura Nacional en los comicios venideros.

oza, maestro de obras, corredor público y secretario general del partido Legalista
a denominación solicitada ante el máximo organismo electoral se inspiró en el
equín Crespo en 1892

aparece un escudo con un haz de trigo que sinifica, según dijo, pan, cosechas y
dilla que representa el trabajo y un machete que alude a la estabilidad y seguri-
s venezolanos..."

droza, se suma a las numerosas solicitudes que ya están en el CSE y las que
están por aparecer con el vendaval electoral.

Vocinal
2 6 - 82

en menos de 3 meses, al campesino más incauto lo convertiré en el mejor agricultor, químico y científico para demostrarles a los gobiernos que hemos tenido que aquí tenemos todas las materias primas y hombres capaces para industrializar a Venezuela sin pedir prestado y sin entregarle el trabajo a compañías anónimas y consorcios. Al que no sepa le enseñaré. Comando Nacional, Calle Lourdes, Nº 2, Caño Amarillo. Telf. 426276".

Según la fotografía de *El Nacional* (22-06-1982), el candidato Pedroza presentó los símbolos de su partido Legalista de Venezuela ante el Consejo Supremo Electoral. Los mismos son: un haz de trigo que significa pan, cosechas y abundancia; una escardilla que representa el trabajo y un machete que alude a la estabilidad y seguridad "que demandan los venezolanos".

Otro candidato poco tomado en consideración en el proceso electoral de 1988 fue Rómulo Abreu Duarte, candidato del Fevo. Su aspiración nació de una revelación onírica (*El Universal*, 19-07-1983) y agregó que no pactaría con otros candidatos que "ni siquiera merecen un ensalme pero apelan a la brujería para conseguir votos". Presentó su candidatura ante el Consejo Supremo Electoral con dos altares del culto indígena a María Lionza, tambores, médiums y ensalmes. Aseguró que solo la "reina" María Lionza tumbaría al bipartidismo. En su rueda de prensa declaró a los periodistas "personas sagradas" y prometió incluirlos en las planchas para el Congreso. Refirió que hombres de la talla de Rafael Caldera y Arturo Uslar Pietri reclamaban que los partidos políticos no representaban al pueblo. "Por eso he tomado la fuerza de la creencia de la reina María Lionza, Guaicaipuro y el Negro Felipe para que solventemos los problemas". Dijo no necesitar un pacto con ningún candidato o partido "porque sus dioses abren los sentidos de los electores". La reseña de *El Universal* concluyó así: "El hermano Miguel Ramos lo llevó de la mano [al candidato] para ser ungido en la puerta del CSE. Allí un joven negro –con agujas y cintas en la boca–, poseso por el Negro Felipe, lo

Rómulo Abreu Duarte, candidato de Fevo
Al bipartidismo lo tumba la reina María Lionza

La sacerdotisa Dora Viera y el hermano Miguel ensalman a los que se acercan con el máximo candidato.

levantaría sobre sus espaldas. La sacerdotisa Dora Viera, del comando de campaña, y el hermano Miguel lo ensalmaron báculo en mano. Durante tres horas dos mujeres ensalmaron a todos los que se acercaron, fumaron tabacos y sobaron con maracas y flores. Unos treinta guardias nacionales presentes se encargaron de disuadirlos, sin violencia alguna, para que se retiraran del lugar".

Nada hacía suponer en aquellos días preelectorales de 1988 que uno de los aspirantes, el ex rector de la Universidad Central de Venezuela y psiquiatra Edmundo Chirinos, quien fue postulado por el Movimiento Electoral del Pueblo (MEP) y por el Partido Comunista de Venezuela (PCV), tendría diez años más tarde una cercanía profesional y política con Hugo Chávez Frías, hasta el punto de ser no solamente su psiquiatra de cabecera sino además miembro de la Asamblea Nacional Constituyente electa en diciembre de 1999. Mucho menos podría alguien adivinar cuál sería el final de su carrera profesional y de su vida misma. Condenado por el homicidio de una de sus pacientes, de la que abusaba sexualmente, estuvo recluido primero en una cárcel y luego en su casa debido a la edad. Falleció luego por causas naturales, en medio de la mayor indiferencia, después de haber conocido fama y gloria.

En la oportunidad de su candidatura presidencial, Chirinos obtuvo 58.733 votos que resultaron ser el 0,84% de los sufragios emitidos. Su estrategia, como la de todos los candidatos de la llamada izquierda, era presentarse como un ser impoluto, no solo libre de toda sospecha de corrupción sino –y por encima de cualquier otra consideración– adalid de la lucha contra ese flagelo de la política venezolana. El blanco ideal de los seudoimpolutos era burlarse de la célebre Lista de Piñerúa. El dirigente y excandidato adeco había amenazado con publicar la lista de veintidós corruptos de alto coturno, lista esta que jamás apareció. Los Independientes con Chirinos publicaron media página en *El Nacional* de Caracas, el 28 de noviembre de 1988, a una semana casi de las elecciones, con un supuesto concurso nacional para elegir al Corrupto de Oro, en el que además se aseguraban fabulosos premios a quienes acertaran los 22 nombres de la Lista de Piñerúa. Si con ese esfuerzo publicitario pensaban hacerle alguna sombra a la candidatura de Carlos Andrés Pérez, pincharon en hueso, como reza el dicho español.

***

La campaña electoral de 1993 tuvo la candidatura habitual del expresidente Rafael Caldera y aspirantes primerizos como Claudio Fermín por Acción Democrática, Oswaldo Álvarez Paz por el partido Copei y Andrés Velásquez por la Causa Radical (Causa R). Lo inédito, amén de insólito, más que la conjunción de micropartidos que apoyaron a Rafael Caldera, fue la adopción que el candidato hizo muy orgullosamente del término "chiripero", utilizado por sus adversarios para denominar despectivamente esa mescolanza de organizaciones minúsculas. Salvo un partido representativo como el Movimiento al Socialismo (MAS), que le proporcionó casi 600.000 votos a la candidatura de Caldera, los demás –URD, MEP, MIN, PCV, FUN, Onda, AA (¿?), U (¿?), Epap, AP, FIN, UP,

LA SEXODEMOCRACIA ALERTA

La Sexodemocracia siente la obligación de alertar al pueblo venezolano y, sobre todo, al pueblo elector, del condicionamiento psicológico al cual están siendo sometidos por los cogollos partidistas, al señalarles que existe un grupo de cuatro candidatos con opción de triunfo (denominados por nosotros, cuatrillizos). Desafortunadamente Fedecámaras, Pro-Venezuela y otras instituciones le hacen coro

Ideal, FAI, MID– en conjunto aportaron apenas 154.000 sufragios. El triunfo se debió a los 957.000 votos de Convergencia, el partido que surgió de la división de Copei, es decir, del filicidio cometido por Rafael Caldera, aspirante obsesivo –quizá maníaco– a la presidencia de la república hasta completar seis candidaturas.

En pleno fragor electoral apareció en *El Nacional* de Caracas, con fecha 2 de octubre de 1993, un aviso de la Sexodemocracia en la que los anónimos militantes de esta organización tan sui géneris alertaban al pueblo venezolano sobre el condicionamiento psicológico al que los sometían los cogollos partidistas para señalarles que solo existen cuatro candidatos con opción denominados "los cuatrillizos". Después de algunas consideraciones, la Sexodemocracia advertía que se estaba en presencia de un gigantesco fraude electoral por la vía del condicionamiento psicológico de las personas. Y concluía sus alegatos pidiendo la intervención del fiscal general de la república, así como de los candidatos no cuatrillizos, para frenar lo que a todas luces era un engaño más al pueblo venezolano. El remitido fue firmado por la secretaria técnica (no secretaría sino secretaria), cuyo nombre también permaneció en las tinieblas.

Antes de ese remitido anónimo, supimos del modesto intento

por formar un nuevo partido. Se trató del Partido Independiente Nacional del que solo perduró, gracias al recorte de prensa que aparece en la fotografía, un número telefónico. Nadie podría negar el talante absolutamente democrático de quienes engendraron ese intento de organización política que aparentemente quedó en fase embrionaria. ¿Cuál otra de las organizaciones políticas que conocimos y conocemos nació de una convocatoria pública a profesionales, en todas las ramas del saber, para conformar el equipo que haría de Venezuela un país libre, "ya que somos esclavos de nuestros errores"?

Un año antes de esta contienda electoral en la que resultaron triunfadores Caldera y su chiripero, apareció una noticia bastante extraña en *El Nacional* de Caracas (10-08-1992): "Intención de voto de los fumadores puede decidir las elecciones". Según una supuesta encuesta de una no menos supuesta encuestadora llamada Opinion Research, fueron entrevistados 2.154 venezolanos en edad de votar, de los cuales el 30% estaba constituido por fumadores. Después de algunas poco convincentes explicaciones estadísticas con sus respectivos porcentajes, resultó que los fumadores tenían preferencias por la candidatura de Rafael Caldera (20,6% de fumadores y 29,3% de no fumadores). Se advertía que el candidato de AD, Claudio Fermín, quien desde la Alcaldía de Caracas había emprendido una intensa campaña contra el cigarrillo, tenía una ligera ventaja de 1,3% gracias a los no fumadores. Pero su partido, AD, estaba en "franco declive electoral" y recibía tanta simpatía de los fumadores (28,4%) como de los no fumadores (29,3%).

La noticia concluía con la aseveración de que, para las elecciones generales de 1993, los pequeños partidos recibirían un menor apoyo de los fumadores mientras que los grandes se enfrentarían al dilema de optar por el 71% de apoyo de los fumadores contra el 64% de los no fumadores. No hay que ser un águila para deducir que esa supuesta encuesta era lo que en el argot periodísti-

"PARTIDO INDEPENDIENTE NACIONAL"

Solicita profesionales en todas las ramas del saber, para conformar el equipo de gobierno que hará de Venezuela un país libre, ya que somos esclavos de nuestros propios errores. Tlf: 039-97920

El Nacional
12-1-94

co se llama una "olla". Y fue montada por la industria tabacalera quizá en alguna connivencia con quienes apoyaban a Rafael Caldera. En aquellos días se estaba discutiendo en la Cámara de Diputados la ley contra el cigarrillo al que éramos adictos varios parlamentarios.

***

Más allá de las candidaturas presidenciales, ocurrían cosas o, mejor dicho, a algunas personas se les ocurrían cosas que parecían contener algún objetivo político pero que morían al nacer. Ejemplo de lo que afirmo es un remitido de un cuarto de página que apareció en *El Nacional* de Caracas, el 4 de marzo de 1994, apenas un mes después de la investidura de Rafael Caldera en su segundo mandato como presidente de la república. La Unión Solidaria Latinoamericana de Cooperación Popular (Unisol), bajo el lema "Somos una nación de repúblicas", invitaba a los ciudadanos residentes en Caracas de todos los países del continente americano, incluyendo islas del Caribe y excluyendo a Estados Unidos y Canadá, a unas reuniones privadas, inicialmente de veinte personas, preferentemente abogados, profesionales y técnicos, con el objeto de constituir las juntas electorales latinoamericanas de base que prepararan ternas para seleccionar a los segundos suplentes de los representantes de las repúblicas latinoamericanas al Consejo Latinoamericano de Cooperación Popular (Senado Latinoamericano), próximo a instalarse en Caracas. Quienes calificaran debían enviar currículum y demás datos por fax. Firmaron el remitido Lía Briceño, secretaria, y Roberto Daly Guevara, coordinador general.

La parte más insólita de esta convocatoria, aparte de la elección de los segundos suplentes (¿qué pasaba con los primeros?), fue el pie de página del aviso: "Operación Dóberman. Esta publicación es cortesía de Operación Dóberman, servicio preventivo de guarda y rastreo de industrias y comercios, realizado por perros que atacan a matar".

UNISOL

UNION SOLIDARIA LATINOAMERICANA DE COOPERACION POPULAR
"Somos una Nación de Repúblicas"
EL COORDINADOR GENERAL EN CONSEJO DE DIRECTORES

CONVOCA

A CIUDADANOS DOMICILIADOS EN CARACAS DE LOS PAISES Y REGION QUE A
CONTINUACION SE DETALLA

ARGENTINA	CHILE	HONDURAS	PUERTO RICO
BAHAMAS	ECUADOR	JAMAICA	REGION "AD HOC"
BOLIVIA	EL SALVADOR	MEXICO	REPUBLICA DOMINICANA
BRASIL	GUATEMALA	NICARAGUA	SURINAM
COLOMBIA	GRANADA	PANAMA	TRINIDAD Y TOBAGO
COSTA RICA	GUYANA	PARAGUAY	URUGUAY Y
CUBA	HAITI	PERU	VENEZUELA

A REUNIONES PRIVADAS, INICIALMENTE DE VEINTE PERSONAS, DE LA MISMA
CIUDADANIA, PREFERENTEMENTE ABOGADOS, PROFESIONALES Y TECNICOS, CON EL
OBJETO DE CONSTITUIR LAS JUNTAS ELECTORALES LATINOAMERICANAS DE BASE,
QUE PREPAREN TERNAS DE DONDE SELECCIONAR LOS SEGUNDOS SUPLENTES DE
LOS REPRESENTANTES DE LAS REPUBLICAS LATINOAMERICANAS AL CONSEJO
PERMANENTE LATINOAMERICANO DE COOPERACION POPULAR DE UNISOL (SENADO
LATINOAMERICANO) PROXIMO A INSTALARSE EN CARACAS. QUIENES CALIFIQUEN
FAVOR ENVIAR FAX AL # 58 (02) 951.6543 INDICANDO SU DESEO DE ACUDIR , NOMBRE,
PROFESION, DIRECCION PERMANENTE, FAX, TELEFONO Y COPIA DE LA CEDULA
VENEZOLANA DE IDENTIDAD. FECHA, LUGAR Y HORA DE LAS REUNIONES SERAN
INFORMADAS POR FAX. CARACAS, 22 DE FEBRERO 1994.

LIA BRICEÑO   JAMES ROBERTO DALY GUEVARA
SECRETARIA   COORDINADOR GENERAL

NOTA: SI DESEA SOLICITAR UN EJEMPLAR DE LAS BASES CONSTITUYENTES DE
UNISOL Y DE LA LEY DEL SUFRAGIO LATINOAMERICANO, EXIJALO AL SERVICIO
LATINOAMERICANO DE BIBLIOTECA DE UNISOL. FAVOR ENVIAR A "UNISOL" GIRO
BANCARIO POR US$ 15 O EL EQUIVALENTE EN BOLIVARES AL CAMBIO DEL DIA, AL
APARTADO 60114 CARACAS 1060-A, VENEZUELA. ANEXAR SOBRE DIRIGIDO A SU
NOMBRE.

✳ OPERACION DOBERMAN ✳

ESTA PUBLICACION ES CORTESIA DE "OPERACION DOBERMAN" SERVICIO PREVENTIVO
DE GUARDA Y RASTREO DE INDUSTRIAS Y COMERCIOS, REALIZADO CON PERROS QUE
ATACAN A MATAR. ESTACIONES DE SERVICIO EN CARACAS, SANTA TERESA (MIRANDA)
Y LA VICTORIA (ARAGUA). PIDA   INFORME POR FAX 58-2-951.6632

EL NACIONAL   4-3-94

Un país donde ningún político es de derecha, salvo uno

Ser de derecha o derechas, como dicen los españoles, parece haber sido un estigma que ningún partido político venezolano habría querido soportar. Acción Democrática se autodefinió siempre como socialdemócrata y de izquierda, el partido Copei como socialcristiano y también de izquierda o más o menos. Y por supuesto estaban los partidos verdaderamente izquierdistas como el Movimiento al Socialismo (MAS), el de Izquierda Revolucionaria (MIR), el Electoral del Pueblo (MEP), el comunista (PCV) y otros que fueron apareciendo.

Solo hubo un político venezolano que asumió con orgullo y devoción ser de extrema derecha, tanto que se apartó del social-cristiano Copei por considerarlo demasiado liberal. Y asumió el anticomunismo como una cruzada personal. Su nombre: Germán Borregales. Acudo a Wikipedia para refrescar la memoria sobre este personaje singular de la política venezolana: "Nació en Coro, estado Falcón, en 1909. Realiza estudios primarios en el Colegio Federal de Coro. Más tarde, viaja a Europa, en 1939, donde realizó cursos de Periodismo en Ginebra, Suiza. Borregales es el primer venezolano que se gradúa de periodista, en 1947, cuando se crea en la Universidad Central de Venezuela la Facultad de Periodismo. Realizó estudios de posgrado en la Universidad de Columbia y llegó a dominar varios idiomas, incluyendo el alemán, francés, italiano, inglés, griego y latín. De regreso a su país trabaja en diversas publicaciones, llegando a ser designado corresponsal del diario católico *La Religión* en Coro. Siendo presidente del Centro de Instrucción Primaria Superior en Coro, funda el semanario estudiantil *Ultra* en 1936. Sus redactores eran Luis Miquilena y Roberto Moreán Soto. El 1º de marzo de 1937 funda en Coro el diario vespertino *Avance Democrático*. Sus postulados y críticas a favor de la Iglesia católica y en contra de la izquierda lo llevaron varias veces a la cárcel, siendo condenado a tres años de prisión, aunque logró fugarse. En Caracas se adhirió a la Unión Nacional de Estudiantes (UNE), organización anticomunista y ultracatólica, fundada por Rafael Caldera y otros universitarios".

Fundó su propio partido, Movimiento de Acción Nacional (MAN), y se postuló varias veces –sin éxito– a cargos de concejal y parlamentario, hasta lograr ser electo diputado en 1968. Fue dos veces candidato a la presidencia de la república, en 1968 y 1973.

Pero como no podía faltar una rareza para ser un genuino político venezolano, en la revista *Élite* del 30-04-1971 apareció un reportaje con el siguiente titular tamaño terremoto: "Germán Borregales predice una catástrofe en Venezuela". No crean los lectores que el entonces diputado Borregales tuvo una visión de la llegada de Hugo Chávez al poder, 28 años después. El subtítulo del reportaje rezaba así: "El diputado y excandidato presidencial afirma que está recibiendo mensajes del cielo para que advierta sobre un nuevo cataclismo universal a causa del avance de la corrupción. Cuando supo que en Nueva York se realizó un festival del sexo, también oyó una voz que le dijo '¡Habla, Germán!', dice el líder manista, advirtiendo que 'no soy alucinado, ni loco ni santurrón'".

Las leyendas de las fotografías de apoyo que utilizó la revista *Élite* para el reportaje son: "Hombres y mujeres temblarán de pies a cabeza". "En la pequeña iglesia de Guanare vio la primera materialización de los mensajes del cielo". "Ya es tarde, nadie podrá detener la ira divina". "La penitencia, otra vía de salvación".

La pregunta que siempre quedó flotando en el ambiente es: ¿por qué teníamos que pagar los venezolanos por un festival de sexo realizado en Nueva York?

GERM BORREGA

N O faltará quien diga que mientras el mundo va hacia adelante y los terráqueos ya están en la luna, Don Germán va hacia atrás. Sin embargo, esto no preocupa a Germán Borregales, Diputado de la República, candidato a la Presidencia de la nación en dos períodos, fundador y líder máximo del MAN, una agrupación política que lucha actualmente por conseguir su legalización. En una entrevista exclusiva para "Elite", el conocido político católico ha anunciado que visiones "que no son de esta tierra, que vienen del Cielo, "le está transmitiendo mensajes para advertir que una gran catástrofe va a suceder en el mundo, a la que no escapará Venezuela".

Según relató el congresante Borregales a la reportera, el primer mensaje celeste que recibió le anunciaba, además, que pronto tendría una cristalización real de los anuncios y cuenta que, hace pocos días, efectivamente, tuvo una visión en la Iglesia de Guanare, donde oía la Santa Misa. Vivamente emocionado, después del oficio sagrado tomó la palabra y relató a todos los asistentes lo que vió, advirtiéndoles de la catástrofe que caerá sobre Venezuela si no se corrigen las costumbres amorales que empiezan a imperar y rogándoles silencio acerca de su visión.

"Muchos profetas han sido apedreados, por decir la verdad", expresó Germán Borregales al hacer sus revelaciones.

El diputado y ex-candidato presidencial afirma que está recibiendo mensajes del cielo para que advierta sobre un nuevo cataclismo universal a causa del avance de la corrupción. Cuando supo que en Nueva York se realizó un Festival del Sexo, también oyó una voz que le dijo: "¡Habla, Germán!". Dice el líder manista, advirtiendo que "no soy alucinado, ni loco, ni santurrón", habló extensamente para ELITE.

Por MARIA ELENA PAEZ

—Es que todavía no estaba autorizado a hablar sobre los mensajes del Cielo que vengo recibiendo —explicó.

Dice que la semana antepasada, cuando leyó en "El Mundo" la noticia traída por el cable de que en Nueva York se había celebrado un Festival Sexy, durante el cual varias parejas realizaron públicamente el acto íntimo ante numeroso público, sintió una voz que le decía:

—¡Habla, Germán! Llegó la hora de hablar.

Inmediatamente, el diputado Borregales escribió una carta al Director de "El Mundo", Diputado Pedro Ramón Romera, en la cual reve...

...laba públicamente, por primera v catástrofe gravísima caerá sobre l nezolana, y en todo el mundo. Ig gaba al periodista Romera evitar vo llevar a publicidad noticias de

—Es que hay la posibilidad que la catástrofe pueda evitarse s cambia de costumbre y se aleja de corrupción por el que actualme pita. Para lograrlo, es fundament ración de quienes laboran en los m municación social.

Reveló en su entrevista para "E mente, que hay un movimiento s dial que trabaja para evitar la ca

dice UNA
TASTROFE
EN
VENEZUELA

medio de la oración y la penitencia. Dijo que personalidades de todo el mundo están involucradas en esta acción de bien, sabedores de la catástrofe que se avecina sobre el mundo, por obra de "la ira de Dios", desatada por la corrupción del hombre".

—Después de la catástrofe —vaticinó— y de acuerdo a los mensajes que estoy recibiendo del Cielo, se producirá la llegada al mundo de otro Salvador, tal como una vez vino Jesucristo a la tierra, para salvar al hombre del pecado.

—Porque la catástrofe que va a suceder —reveló— no es el fin del mundo ni el Apocalipsis, y no todos los humanos van a morir. Unicamente serán castigados y, después, será necesaria la salvación enviada directamente por el mismo Dios.

VA EN SERIO

Pero antes de entregarnos sus mensajes recibidos de "más allá de la tierra", el señor Germán Borregales, valientemente, expuso:

—Esto va en serio. Comprendo que mi lenguaje es raro, y que posiblemente se preste a la burla y hasta a la befa por parte de esa mayoría despreocupada que no lleva el pulso del mundo ni le interesa el destino de la humanidad.

—Pero te voy a decir, María Elena Páez

En la pequeña Iglesia de Guanare, vio la primera materialización de los mensajes del Cielo.

"Ya es tarde, y nada podrá detener la ira divina", dijo el diputado Borregales.

33

Candidatos a otros cargos y de otros lares

La novedosa reforma constitucional ofrecida por CAP en su campaña de 1988 para hacer posible la elección directa de los gobernadores de Estado (hasta entonces designados a dedo por el presidente de la república) fue cumplida al pie de la letra. La mala fortuna quiso que esa primera elección ocurriera en diciembre de 1989, año del llamado "Caracazo". Este lamentable suceso hizo caer estrepitosamente el apoyo popular a CAP, quien había ganado las elecciones de diciembre de 1988 con el 52,89% de los votos. El derrumbe de la popularidad del presidente Pérez y en consecuencia de su partido, AD, incidió en los resultados. AD conquistó apenas 11 de las 25 gobernaciones.

Un aspirante por AD en el estado Aragua decidió lanzarse por la calle del medio con una publicidad a página completa en el diario *El Aragüeño*, de Maracay. Hasta esa fecha, si mal no recuerdo, casi todos los candidatos a cargos de elección popular ponderaban sus títulos profesionales y éxitos académicos. El candidato que nos ocupa y cuya fotografía y publicidad aparece en la fotografía del aviso fue quizá, sin proponérselo, un precursor del pobrecitismo y de la lastimofilia que alcanzaría sus cotas máximas con la llegada a la presidencia de la república de un teniente coronel y golpista fracasado, Hugo Chávez, a quien no quería mentar pero se me escapó el nombre. Ganó decenas de miles de adeptos con la narración de una supuesta autobiografía de niño pobre, sin zapatos, que vendía dulces criollos para sobrevivir.

Nuestro aspirante a primer gobernador electo de Aragua se presentaba como "un hijo humilde del pueblo". En la narración de sus penurias infantiles y juveniles destaca que mientras vendía arepas y confituras criollas para ganarse dos (2) bolívares semanales, tenía como meta preestablecida "ser un hombre de bien y buscar el poder para garantizar la felicidad de los demás". El currículum podría no tener nada de extraordinario si no fuera porque el aspirante a la primera magistratura estadal se ganaba la

EL ARAGÜEÑO / PUBLICIDAD / MARACAY, JUEVES 30 DE NOVIEMBRE DE 1989 / A-7

hijo humilde del pueblo

ARMILO BARRIOS,
semblanza del primer gobernador electo

Cuando nació Armilo Barrios, Maracay era una ciudad pequeña y somnolienta. Vio la luz por primera vez, el hombre que está a poco menos de un mes y medio de recibir la Gobernación del Estado Aragua, en el antiguo Hospital de la Cruz Roja. Fue un niño de vida azarienta signada por las penurias y carencias, incluso de los elementos vitales para la subsistencia: la existencia de Armilo Barrios es un ejemplo de juventud, de abajo hacia arriba, de menos a más, de no tener nada y ni siquiera los recursos primarios más imprescindible al momento triunfal de acceder por la votación directa, universal y secreta de su pueblo, a la Primera Magistratura Regional.

Armilo vivió en todos los municipios de Aragua y los barrios de Maracay. Entre la fecha de nacimiento y los ocho años de edad hubo de mudarse 17 veces, tanta era la pobreza en la cual tranquila la existencia del jovencito. La educación primaria la llevó a cabo entre las escuelas rurales de Guarulo y Coropo, aparte de otras en Maracay. Aquel muchachito que se ganaba la vida cobrando dos bolívares semanales por repartir arepas y confituras criollas, tenía una meta preestablecida, convertirse en un hombre de bien y buscar el poder para garantizar la felicidad de los demás.

Quien hoy en día es seguro gobernador electo por el pueblo del Estado Aragua, hizo su secundaria en el liceo "Adolfo Ernst", al mismo tiempo que para cancelar la vida se desempeñaba como vendedor de café y chimó, dejando lejos los tiempos de mayores penurias, cuando carente de cobija abrigaba el cuerpo con la piel de cinco perros en un rincón de la estancia, cuando el frío nocturno apretaba. Superados la educación media, Armilo optó por la disciplina

corse abogado y lo logró. La Universidad de Carabobo le vio pasar como un metódico estudiante hasta que en 1966 obtuvo el grado. Desde ese momento, la carrera de Armilo transitaba por otros caminos, la ley se combinaba con la estricta formación militar; la metodología adquirida a través de los años iban ahora a significar el reto para abrirse camino en la política.

Antes había asistido a cursos de logística cuando era militar en la Escuela para América Latina de la zona del Canal de Panamá en 1962. Primera experiencia internacional, que una vez abogado extendió con pasantías en el mundo pie francés de Bolonia y un curso de estudios comparados de las prefecturas, en el estado norteamericano de Ohio. Armilo Barrios, ya en función de abogado y político ha visitado, Argentina, Alemania, Gran Bretaña, Francia, España, México, Italia, Brasil y los Estados Unidos. El hombre, que fue prefecto de Maracay, secretario general de gobierno y gobernador encargado de Aragua, ha tenido al mismo tiempo brillantes trayectorias tanto en lo gremial como en lo docente, en el ejercicio de asesorías y consultorías jurídicas de bancos y numerosas empresas.

EL CANDIDATO TRIUNFANTE

Viniendo como los buenos boxeadores de menos a más, Armilo Barrios logró primeramente la nominación de su partido para la Gobernación de Aragua y ahora, ha remontado una cuesta que se ha colocado en el sentimiento y sentido. Ari... preferencias para las elecciones... y así lo ha embrujado el pueblo de Aragua, que quiere... organizar un desarrollo armónico de la región y significa un hijo histórico, porque será el comienzo de una nueva... y curiosa etapa, con...

---

vida, mientras estudiaba el bachillerato en un liceo público, vendiendo café y chimó (una pasta masticable de tabaco), "dejando lejos los tiempos de mayores penurias cuando, carente de cobija, abrigaba el cuerpo con la piel de cinco perros en un rincón de la estancia, cuando el frío nocturno apretaba". En Maracay, es bien sabido, la temperatura nocturna habitual ronda los 30 °C. ¿Habría necesidad de acudir a la piel de cinco perros, se supone vivos y tan pobres como el candidato, para abrigarse?

63

* * *

No se crea sin embargo que Venezuela tiene la exclusividad de candidatos con biografías y propuestas originales. Hace varias décadas hubo un candidato presidencial uruguayo que prometía construir las calles solo en bajada para que nadie tuviera que cansarse subiéndolas. Y regalar la leche ya que las vacas la daban gratis. También hubo un candidato brasileño a gobernador de un estado, cuyo lema era: "[fulano] roba pero hace".

En septiembre de 1989, *El Nacional* de Caracas publicó una nota con el siguiente título: "Propuestas insólitas de candidatos brasileños". Refería la nota que apenas en el segundo día de la campaña oficial por radio y televisión, diez candidatos virtualmente desconocidos sorprendieron al electorado con insólitas propuestas. Los susodichos se aprovecharon de que la legislación electoral brasileña obliga a los medios audiovisuales a ceder espacios gratuitos a todos los aspirantes durante los 60 días previos a las elecciones. Las emisoras se quejaban de que algunas personas sin ninguna oportunidad de ganar se inscribían como candidatos solo para disfrutar de esa norma y promoverse sin costo alguno ante 90 millones de espectadores.

Uno de esos candidatos, de apellido Marronzinho, quien se autodefinía como el "analfabeto inteligente" (sic), opinaba que todos los problemas de Brasil se debían a la sequía y que si ganaba las elecciones obligaría a Petrobras, el gigante petrolero de ese país, a perforar pozos para encontrar agua y no petróleo. Prometía además resolver el problema de la deuda externa rompiendo relaciones con Suiza para confiscar el dinero que los corruptos de su país tenían depositado en los bancos helvéticos. Nunca explicó cómo.

Otro seudoaspirante, de apellido Correa, aparecía a diario en la cadena de radio y TV con su oferta de acabar con todos los impuestos federales, municipales y estadales, que serían sustituidos por un gravamen único y directo. Un tal Oliveira prometió que si ganaba las elecciones sus ministros serían designados por con-

Propuestas insólitas de candidatos brasileños

RIO DE JANEIRO, 16 (UPI) — En el segundo día de la campaña electoral oficial por radio y televisión, diez candidatos virtualmente desconocidos sorprendieron al electorado con insólitas propuestas, como confiscar dinero depositado en Suiza o acabar con los impuestos, entre otras.

Con el objetivo expreso de "evitar abusos del poder económico" en las campañas electorales, la legislación brasileña establece un enlace nacional de radio y televisión durante los 60 días previos a los comicios, para que todos los candidatos expongan sus ideas.

Las emisoras, mientras tanto, se quejan de que algunos ciudadanos se inscriben como candidatos sólo para aprovechar la oportunidad de promoverse, presentándose gratuitamente ante 90 millones de espectadores.

José Alcides Marronzinho de Oliveira, quien se autodefine como "el analfabeto inteligente", atribuye todos los problemas de Brasil a la sequía crónica que afecta a la región nororiental del país y promete que si gana las elecciones obligará al monopolio semiestatal de petróleo, Petrobras, a perforar pozos en busca de agua y no de hidrocarburos.

Si resulta electo, Marronzinho ofrece resolver el problema de la deuda externa del país rompiendo relaciones con Suiza y confiscando, aunque no explica cómo, el dinero de ciudadanos brasileños que está depositado en bancos helvéticos.

Armando Correa, aspirante a la presidencia por el Partido Municipalista Brasileño, aparece todos los días en la cadena de radio y televisión prometiendo acabar con todos los impuestos federales, municipales y de los estados, que serán sustituidos por un único gravamen directo, el cual "resolverá todos los problemas".

Por su parte, la abogada Livia María Ledo Pío de Abreu, de 41 años, la única candidata del sexo femenino, explicó que atendió la "convocatoria" del Partido Nacionalista pues se siente "polivalente" y desea dedicar su vocación de dirigente al bien de Brasil.

Eudes de Oliveira, quien se postula por el Partido Liberal Progresista, dijo que si gana las elecciones, sus ministros serán nombrados por concurso públicurso público. Y uno apellidado Texeira les agregaría a los tres poderes de Montesquieu un cuarto poder, encargado de controlar a los otros tres: ejecutivo, legislativo y judicial.

El aspirante Antonio Pedreira se fue por lo alto prometiendo dedicar los mayores esfuerzos a la fabricación de una bomba atómica brasileña y fortalecer el Servicio Nacional de Información para dedicarlo al espionaje internacional de secretos industriales y tecnológicos.

Cuando la política no era la guerra

Con la llegada de Chávez a la presidencia, empezó la militarización *in crescendo* de la vida nacional. No solo porque se encargó a militares de los más diversos cargos –desde repartir pollos y hortalizas hasta el manejo de las finanzas del país y de las empresas básicas– sino porque Chávez convirtió cualquier acción de su Gobierno, por intrascendente que fuera, en una batalla, guerra o combate. Los adversarios políticos pasaron a ser "escuálidos", "oligarcas", "traidores", "enemigos de la patria", etcétera.

Fue sin duda un nuevo estilo de hacer política cuyas consecuencias divisionistas y generadoras de odios hemos padecido largamente.

Pero la política no siempre fue así, hubo un tiempo en que Gonzalo Barrios, el presidente vitalicio de Acción Democrática, y Rafael Caldera, líder máximo del partido socialcristiano Copei, se reunían y entre los dos elegían a los magistrados de la Corte Suprema de Justicia que luego serían designados de acuerdo a las formalidades del caso. No se trataba de un proceder ortodoxo, pero aquellos jueces así seleccionados solían ser distinguidos juristas con conocimiento pleno de las leyes y de su aplicación. No pretendo decir que todos fueran angelicales o impolutos, claro que se colaban algunos deshonestos, pero sin duda generaban respeto y le daban la categoría que merecía el máximo tribunal de la república.

EL DIARIO DE CARACAS

Año 5 No. 1.354 / Martes 3 de mayo de 1983 / Precio en Aragua, Carabobo, D.F y Miranda: Bs. 1.50. Resto del país: Bs. 2.00

LHC reconoció que los reajustes económicos provocarán despidos, también en el área estatal

El BCV ampliará el redescuento

En su sesión de mañana, el directorio del BCV analizará la factibilidad de una rebaja de las tasas de interés en todo el sistema financiero nacional, con el fin de favorecer especialmente a la agricultura y a la construcción. Los dos mil millones de bolívares en cédulas hipotecarias para reactivar la construcción serán adquiridos en la Bolsa de Valores, a un ritmo de 50 millones semanales. El Gabinete Económico autorizó al Fondo de Crédito Agropecuario para contratar créditos por 600 millones de bolívares, destinados a programas de leche, caña de azúcar y café. El dólar cerró a 9.71 bolívares.

(páginas 34 y 35)

Una pausa en la batalla

El "Diario de Caracas" celebró su cuarto aniversario en la más estricta intimidad de la familia. Nada de "open house" ni de los tradicionales brindis conmemorativos. Entre las contadas personas —ajenas a "El Diario"— que compartieron unas horas de cordialidad se encontraban los candidatos presidenciales, Rafael Caldera, Jaime Lusinchi y José Vicente Rangel. Los aspirantes de Copei y AD departieron —al ritmo de los mariachis— la alegría y la satisfacción del personal de "El Diario", en una elocuente demostración de que —más allá de la agresividad que genera la disputa electoral— la democracia venezolana se afirma sobre bases de convivencia y amplio espíritu democrático.

(páginas 6, y 8)

Al debate le faltan 3 detalles	Duelo en el MAS	Intensos combates en Nueva Segovia
Propaganda sin "ataque personal" exige el CSE	**Murieron los tripulantes de la avioneta**	**Hondureños y somocistas invadieron a Nicaragua**
(página 2)	*(página 13)*	*(página 38)*

En el Congreso de la República, en las asambleas legislativas, en los concejos municipales y en toda institución cuyos miembros fueran electos por el voto popular, los representantes de distintos partidos dialogaban, llegaban a acuerdos y hasta eran amigos, aunque en las sesiones –y de cara al público– polemizaran agriamente.

Cuando faltaban tres días para la jornada electoral en la que se enfrentaron Luis Herrera Campins por Copei y Luis Piñerúa Ordaz por AD, coincidimos en un restaurante de carnes en la avenida Libertador de Caracas un grupo de mujeres adecas y muy destacados dirigentes de Copei, entre ellos Eduardo Fernández y Oswaldo Álvarez Paz. Las militantes de AD le pedimos al *maître* que les sirviera a los copeyanos sendas piñas coladas, en alusión al candidato Piñerúa, a quien le decían "Piñita". Los copeyanos replicaron con una bebida de color verde, el de su partido, a base de licor de menta. Aquello entre risas y la mayor cordialidad.

De esa época de la política civilizada es la fotografía de un aniversario de *El Diario de Caracas*, en la que Jaime Lusinchi y Rafael Caldera, muy cerca uno del otro, bailan con dos periodistas a quienes no pude identificar ya que están de espaldas. El título, "Una pausa en la batalla", es realmente metafórico. Aquellas batallas eran casi florales en comparación con la guerra de improperios, abusos y arbitrariedades que el chavismo impuso en Venezuela.

La corrupción desde otra óptica

El tema daría para varios tomos, la mayoría de ellos dedicados al saqueo al que Chávez y Sucesores CA sometieron a Venezuela. Nunca desde la llegada de Colón en 1498 hasta 1999, hubo una rapiña tan desaforada como la de civiles y militares seudocomunistas, amparados por el dejar hacer y dejar pasar de Hugo Chávez Frías.

En mi archivo solo guardo dos noticias, ambas publicadas en

> **POLITICO DANES SE RETIRA POR RATERO**
>
> COPENHAGUE, Dinamarca, (AP) - Un miembro del parlamento danés dijo ayer que se retiraría de la política tras las próximas elecciones porque se le multó 300 coronas (52 dólares) por ratear 90 coronas (16 dólares) en alimentos en una tienda.
>
> "No siento que sigo teniendo la autoridad necesaria como política. Si yo, por ejemplo, hablo sobre conducir demasiado rápido en las carreteras, la gente recordaría, naturalmente, que yo también fui multado", dijo Jimmy Stahr, según una radioemisora gubernamental.
>
> La emisora dijo que Stahr tomó la decisión tras conferencias con sus electores ayer. Planea seguir en el cargo hasta las próximas elecciones generales, programadas para 1994.
>
> El político de 57 años ingresó al parlamento en 1977 por el Partido Socialdemócrata. Además de su cargo político, es animador de un popular programa infantil por la radio gubernamental.
>
> Stahr fue sorprendido robando dos mantecados, un paquete de goma de mascar y un queso en un supermercado de Copenhague. Pagó la multa inmediatamente.

El Universal
02-08-92

El Universal de Caracas en 1992. En la primera se informa que un político danés se retiró por ratero. El parlamentario Jimmy Stahr declaró que se retiraba de la política tras ser multado con 300 coronas por "ratear" (sic) 90 coronas (16 dólares para la época) en alimentos en una tienda. "No siento que sigo teniendo la autoridad necesaria como político. Si yo por ejemplo hablo sobre conducir demasiado rápido en las carreteras, la gente recordaría naturalmente que yo también fui multado". Añadió que seguiría en el cargo hasta las elecciones de 1994. La emisora que reprodujo la noticia dijo que Stahr tomó la decisión tras reunirse con sus electores. ¿Pero qué fue lo que hurtó el político socialdemócrata de 57 años de edad, Jimmy Stahr, quien además era el conocido animador de un programa infantil de la radio gubernamental? ¡Dos mantecados, un paquete de goma de mascar y un queso! Pagó la multa inmediatamente.

La segunda noticia, aún más sorprendente, se generó en París y fue publicada por *El Universal* de Caracas el 24 de octubre de 1992. Se refería a la creación de un club terapéutico para corruptos en París, capital de Francia. Los inscritos en el club debían pronunciar en voz alta frases como: "Soy culpable, obtenía dinero para la campaña electoral de mi partido". "Peor soy yo, colegas, me llamaban Señor 10%". "Yo me quedaba con el dinero de los accionistas de la empresa".

La mayoría de los miembros del club quiere liberarse de la ansiedad por tener un dinero que los condujo a los tribunales a veces, otras a la cárcel y muchas a las primeras páginas de los diarios. Con el fin de controlar esa ansiedad fundaron el club en París que acepta, además, a estafadores, responsables de quiebras fraudulentas y a firmantes de cheques sin fondos. El club tomó el nombre de "Deudores Anónimos" porque su fundador viene de una experiencia en Alcohólicos Anónimos. Igual que en esa organización, los corruptos, estafadores, etcétera, están (quizá estaban) obligados a las confesiones en grupo y a la abstinencia como regla número uno.

Para registrarse y asistir a las sesiones. los deseosos de regenerarse, según la información de prensa, deben resignarse a dejar de lado todos los símbolos de poder como teléfono en el automóvil y tarjetas de crédito. Se les aconseja, además, evitar las inversiones financieras y otras actividades que podrían inducir a tentación y provocar fatales recaídas. La regla más importante es colaborar con la justicia, confesar las propias culpas y dar nombres de corruptos y corruptores.

Hay un grupo para franceses y otro para extranjeros. Todos se reúnen en un gran palacio *liberty* en el VII *arrondissement* (distrito) de París, un barrio de ministerios y embajadas, en la sede de la iglesia protestante norteamericana. El curso se llama "Desintoxicación monetaria" y no se debe nombrar la palabra dinero. "Para nosotros es tabú", dijo al diario *Libération* uno de los deudores anónimos. "Como el alcohol lo es para los alcohólicos y la droga para los tóxico-dependientes, el dinero es un síntoma de nuestra enfermedad".

Capítulo II
Simón Bolívar como aberración

El culto al Libertador no empezó con Hugo Chávez, aunque de este militar golpista dependiera querer convertirlo en una religión, además del empeño de transformar al mantuano caraqueño en una especie de hombre de Cromañón, de manera que sus facciones toscas lo alejaran de la biografía de hombre blanco, rico y de aristocrática cuna, para irlo acercando a la fisonomía zamba del caudillo barinés.

Don Lucho Villalba, es decir Luis Villalba Villalba, fue un amigo a quien admiré, respeté y quise. Visité algunas veces su sencillo hogar donde se respiraba el caraqueñismo más auténtico de su esposa, Clarita Pimentel (hermana del famoso humorista Job Pim), y la manera de ser llana y cordial del margariteño señor de la casa. Lucho hablaba con voz tonante, su conversación casi siempre parecía un discurso. Pero cuando se trataba de Simón Bolívar, el discurso se tornaba en panegírico sin fin. Y si acaso sentía que alguien o algo había mancillado la memoria o el nombre de Bolívar, había que sentir miedo de la reacción airada de aquel ilustre venezolano, el bolivariano más auténtico y apasionado que haya existido. Imaginemos cómo habría reaccionado nuestro querido Lucho Villalba al ver a Simón Bolívar transformado en moneda vilmente devaluada, en objeto apropiado por una supuesta revolución y hasta en sujeto de culto satánico con el hurgamiento de sus huesos en una ceremonia de santería que ya sabemos en qué terminó y cómo pagaron algunos la osadía.

Pero hubo un personaje sin las dotes intelectuales y oratorias de don Lucho Villalba, que competía con él en la adoración ilimitada por el Padre de la Patria. Era servidora concejal en el Ayuntamiento de Caracas por mi partido Acción Democrática, cuando el dirigente sindical y exconcejal Lucas Pérez, también acciondemocratista, formuló mediante una carta la proposición de bautizar el Metro de Caracas, próximo a inaugurarse, con el nombre ¿de quién? ¡de Simón Bolívar! ¿Cómo podía esta que escribe, jefa además de la fracción de concejales de mi partido, rehusarse a leer y a respaldar en la Cámara Municipal la petición del compañero Lucas Pérez?

El día 8 de enero de 1983, el prestigioso periodista Cuto Lamache publicó en *El Nacional* de Caracas una columna con el nombre "Se llamaba Metro de Caracas", la cual, por estar muy borrosa en la foto que se reproduce, paso a transcribir: "Todavía no salió de La Hoyada, todavía no llegó ni a Sabana Grande ni a Chacaíto y ya el Metro de Caracas, el que todos creíamos hasta ayer que así se llamaba y así sería llamado, ostenta desde hoy la pomposa denominación de Metro Libertador Simón Bolívar. Los ediles del Distrito Federal, informan los diarios, acordaron dar ese nombre al Metro de Caracas. La proposición la hizo la concejal Paulina Gamus, de Acción Democrática, y en representación de la Federación de Transporte que preside el dirigente sindical Lucas Pérez, agregan los informes".

"Lucas Pérez, el Hermano Lucas, para sus compañeros de federación, se ha convertido desde hace veinticinco años –la edad de la democracia, digamos– en el más consecuente divulgador y distribuidor del nombre de Bolívar en toda actividad que tenga alguna relación con el transporte, sea este urbano, foráneo, terrestre, aéreo o marítimo. Por indicación suya, hace algunos años, el principal aeropuerto del país –Maiquetía– trocó su suave y original nombre indígena por el áspero y ordinario de Simón Bolívar. 'Se trata –aseguró entonces Lucas Pérez– de un justo reconocimiento a nuestro Libertador'. Magnífico. Tenemos pues la certeza de que Lucas Pérez se cree uno de los libertados por Simón Bolívar. Pero

Se llamaba Metro de Caracas

Todavía no salió de La Hoyada; todavía no llegó ni a Sabana Grande ni a Chacaíto, y ya el Metro de Caracas —el que todos creíamos, hasta ayer, que así se llamaba y así sería lla-

Bolívar, con toda seguridad, no pensó jamás en Lucas Pérez, en todos los Lucas Pérez, cuando decidió dedicarse a la tarea de la emancipación de este país. De ahí entonces que uno llegue a la conclusión de que Lucas Pérez carece en absoluto de conciencia de clase. A menos, digo yo, que Lucas Pérez se autoestime como un nuevo héroe de Carabobo, como un nuevo Negro Primero redivivo. Así, quizás.

"Hace tiempo, acá en *El Nacional*, se me ocurrió la idea de salirle al paso a esa manía –manía que no dudo honesta, ingenua pero ociosa, improductiva y en ocasiones oportunista– de despojar de sus nombres tradicionales a ciudades, pueblos y regiones. Nada se ganaba, decía entonces, cuando a Margarita se la convertía en Nueva Esparta. Nada se ganaba y mucho se perdía cuando a Angostura se le negaba su clásica, bella y original denominación. Lo hacía yo en nombre de la identidad nacional que tanto se busca y tanto se invoca. Nada, que la enfermedad al parecer no tiene remedio. El otro día –lo acabo de leer en la prensa– la legislatura de Portuguesa consideró necesaria y prudente la creación de tres nuevos distritos en detrimento de la extensión territorial de los ya existentes. Tres hijos del desmembramiento, se diría. Los nuevos distritos se llaman 'Simón Bolívar', 'Simón Rodríguez' y

'Francisco de Miranda'. Muy bien, esto quiere decir que el país –y Portuguesa ahora– continúa atado a la gente de 1810. Todavía el esclavo no ha pagado la deuda que contrajo con su libertador. No hemos producido ni creado nada desde entonces, excepto allá en Portuguesa unas cuantas mazorcas de maíz y unas espigas de arroz. Algún día a la legislatura de Portuguesa se le puede ocurrir que hay que librar nuevamente la batalla de Araure. Y cuidado como la pierde.

”Es decir, que antes de tenerlo, Caracas ha perdido su Metro. No así en otras ciudades. Se habla del Metro de Nueva York, del Metro de Moscú, del Metro de Londres, del Metro de Buenos Aires. Del Metro de Caracas no. Este tiene la originalidad de llamarse 'Libertador Simón Bolívar'. ¿Por qué? ¿Es que habrá otro Metro de Caracas? No, no lo ha habido tampoco en Nueva York ni en Moscú ni en Londres ni en Buenos Aires. El Metro es la madre del transporte urbano y madre, ya se sabe, hay una sola”.

La respuesta airada del Hermano Lucas no se hizo esperar. A mis manos llegó una carta con membrete de la Federación de Trabajadores del Transporte de Venezuela, Fedetransporte, fechada el 10 de enero de 1983, que paso a transcribir:

Ilustre Hermana Dra. Paulina Gamus
Concejal por el Dto. Federal
Jefe de la Fracción del Partido del Pueblo, Acción Democrática
Caracas

Muy apreciada y respetada concejal:
Reciba usted en nombre del Comité Ejecutivo de Fedetransporte, del Comando Político de Acción Democrática en dicha federación, de sus sindicatos filiales, de las clases humildes, indigentes, desposeídas, del pueblo en general, de nuestro Libertador Simón Bolívar y en el mío propio, nuestro sincero agradecimiento en unión de nuestros hermanos de fracción e ilustres concejales, quienes die-

ron respaldo unánime a la proposición que usted formulara, de acuerdo con el sentir patrio, para que la gran obra trascendental e histórica se legitimara con el nombre bendito de Simón Bolívar. Es decir, Metro Simón Bolívar de Caracas.

Repetimos, nos sentimos contentos y satisfechos, no así la opinión derivada, [sic] antipatriótica y antibolivariana del columnista del diario El Nacional –expresada en la sección "Abróchese el cinturón"- del día sábado 8 de enero de 1983, en la página C-4 y que llevara el seudónimo satánico de Cuto Lamache. La verdad, doctora Paulina, que estos abortos no nos deben causar extrañeza por cuanto aún, a esta distancia del tiempo del holocausto de nuestro Libertador, existen bacterias, fariseos, herodes y realistas encarnados en las mentes de estos anti-patria y anti-Bolívar.

Este profanador de la memoria del Padre de la Patria, así como la del irrespeto, a lo mejor es seleccionado por ese ilustre Cabildo para condecorársele con motivo del bicentenario del nacimiento de nuestro segundo mártir, el del Gólgota y de Angostura. Qué regocijo hubiese sentido ese Iscariote si en vez de Simón Bolívar se le hubiese bautizado [al Metro] con el de Caifás o el de Tomás Boves.

Hermana, doctora, concejal Paulina, que Dios y el espíritu de nuestro Libertador te ilumine para que seas convertida en arcángel y desenvaines la espada del verbo para que exterminemos a los descendientes realistas y herodianos.

Atentamente, por Fedetransporte, Lucas Pérez, presidente.

P.S: Hermana Paulina, le ruego me consiga el acta de la sesión del jueves del Ilustre Cabildo de Caracas, en la que usted se tiró al ruedo de las grandes responsabilidades históricas y realizó la faena ejemplarizante de la consagración de la alternativa de la lucha acciondemocratista. Mañana envío a nuestro común hermano Carlos Barazarte a su oficina para que me envíe ese obsequio navideño.

Su amigo de siempre, Lucas Pérez.

La sensibilidad social y la devoción bolivariana del Hermano Lucas no se limitaron a su persona. En la revista *Semana* del 24-10-1973, sección "Venezuela insólita", fue reproducida una publicación pagada o remitido, con motivo del cumpleaños de Lucas Pérez, hijo. El encabezado decía "¿Quién soy yo?". Después la foto del niño con una chaqueta tipo *blazer* de cuatro botones, pantalón blanco, y debajo el subtítulo: "Soy Lucas Pérez hijo". Luego el siguiente texto: "Quien hoy cumple un año más de existencia en este Escabroso y Convulsionado Mundo Antagónico y Materialista [todas las mayúsculas en el original]. El que pide en este día a DIOS Todopoderoso que derrame el CRISOL de la JUSTICIA y del AMPARO y de un PORVENIR Acertado y Promisor a los Niños Pobres para que tengan TERNURA, AMOR Y COMPRENSIÓN. Para que les depare EDUCACIÓN, RECREACIÓN, ESCUELAS DEPORTIVAS Y un Profesionalismo CIENTÍFICO, TECNOLÓGICO Y FUTURISTA. Para que Crezcan Sanos. Con PAN y sin HAMBRE, sin ANDRAJOS, sin Deshidratación por carencia Médico-Asistencial y sin Miseria. Para que no sean más conceptuados como MENDIGOS ni GUIÑAPO. Execrados por una Sociedad Inclemente ni por Gobernantes Estériles de Sensibilidad y de Humanidad. Por eso le pido clemencia a DIOS y no a los Hombres, para que los Niños Pobres y Desposeídos; para esos mis Hermanitos de los BARRIOS que se guarecen en RANCHOS Destartalados y Sombríos, hacinados y FRÍOS, de los Pueblos, Campos y Caseríos, tengan derecho también a Disfrutar aunque sea una migaja de nuestros Recursos y de nuestra inmensa Riqueza. El cual JURO ante el Sagrario del Universo, ante BOLÍVAR y la PATRIA luchar desde ahora hasta las Metas Inmarcadas. Para que no se les siga llamando Huérfanos, ni Malandros, ni Bastardos, ni NIÑOS abandonados a su propia suerte y a su propio destino, quienes hoy por las Injusticias Sociales están siendo pasto fresco para los Inescrupulosos Gangsteres [sic] y Escarnios de la Gran Miseria y por ende se están Muriendo de HAMBRE y de MENGUA en el País más Rico del Mundo como lo es Venezuela".

Pero no fue Lucas Pérez el único devoto radical del bolivarianismo. Un día en fecha que no recuerdo y que no registra el documento llegó a mis manos y pasó a mi carpeta de asuntos, hechos y acontecimientos insólitos la carta de un tal Poder Joven. El encabezamiento de la misma rezaba: "Carta abierta de los jóvenes a Simón Bolívar". Aquí la transcribo:

Bolívar:

Desde hace tiempo los jóvenes venezolanos hemos tratado insistentemente de hacer contacto con Ud. De buena gana habríamos viajado a través del tiempo hasta su época, pero como esa posibilidad no existe más que en un mojón televisado que montan los yanquis llamado El túnel del tiempo, *hemos decidido enviarle esta carta. En ella le contaremos cómo está la vaina de jodida y qué suerte han corrido sus ideas y planteamientos revolucionarios en manos de los coños de madre que han manejado esto desde que usted desapareció.*

Primero que nada, lo enteraremos de algo que estamos seguros le sacará la piedra, es decir, le contaremos qué han hecho con Ud. Se han esmerado en convertirlo en un ídolo, en un personaje casi de ficción, tan igual a un brioso Batman o un invulnerable Superman. Lo han montado en pedestales en miles de plazas, lo han dibujado igual que a Zeus y a Minerva en gigantescas pinturas al óleo, lo han encerrado en museos y lo han puesto en oficinas lujosamente alfombradas. Han puesto su rostro en monedas que, de paso, las embaúlan [??] solo los ricos en centenares de millones. Le han puesto su nombre a lujosas avenidas y clásicos de caballos en los que estafan al público. ¡Eso han hecho con usted, general Bolívar!

Lo han encarcelado detrás de los barrotes de la leyenda y la fábula, al mismo tiempo que han tratado por todos los medios de enterrar sus pensamientos debajo de toneladas de humo "clase aparte" y en centenares de discursos en el Panteón y en el Congreso cada vez que se celebra una fecha que tenga que ver con Ud.

En otras palabras, esto está vuelto una completa mierda, otra cosa no se puede decir, y somos los jóvenes los que sacamos la peor parte. Ud. dijo "moral y luces son nuestras…" y hoy lo que nos meten es a Simplemente María, La media naranja y Cuando en los cerros nace el sol. Y para colmo cierran liceos, universidades y escuelas de arte. ¡Qué arrechera, Bolívar!

Pero no creas que esto ha terminado, ni es todo.

La gente de aquí se jodió contigo sacando para el carajo a los españoles con la esperanza de lograr un futuro mejor. Todavía está jodida y hasta creemos que más. Vive en ranchos, cerros y se cobija en la entrada de los edificios mientras hay una vaina que se llama "Country Club" donde viven los ricos y los "hight" [sic], donde se toma champaña del fino y hay quintas blanquísimas dentro de las cuales rueda la mierda en pasta y la marihuana por coñazos, pero se les tapa porque son los poderosos.

Como te decíamos al principio, Bolívar, la peor parte de esto nos tocó a nosotros, aquí es un delito ser dinámico, tener inquietudes, EN ESTA MIERDA ES UN DELITO SER JÓVENES. Nos joden con la TV, con la prensa, con la radio, con suplementos del Fantasma, de Popeye, de Archie y de Superman. Con un ratoncito marico llamado Topo Gigio, todo eso son armas del Imperialismo para hacernos olvidar los verdaderos problemas que debemos afrontar. Ya los hombres usan el pelo largo como las mujeres y hasta quieren parecerse a ellas en la moda. Nos tienen jodidos con una vaina coño de la madre que se llama Policía Metropolitana que le gusta arremeter contra el pueblo y matar estudiantes.

Aquí no podemos hacer un coño porque nos jode la Metro, siempre nos joden a flautazos, no podemos dar un beso a nuestra novia en la calle, no podemos reunirnos, no podemos manifestar y para colmo, en la misma universidad no podemos tener libertad de expresión y para todo hay que pedir permiso a la cagada de gober-

nador represivo, fascista y coño'e madre y seguramente nos va a joder por haberte escrito esta carta. ¡Bolívar, va llegar [sic] el momento en que se va negar [sic] a ser venezolano. Estamos jodidos!
¡Paz, tierra y libertad. Poder Joven!

Gracias a Google pude averiguar que la telenovela *Simplemente María* mencionada por estos jóvenes se transmitió en Venezuela en 1972. Es decir que la carta antes transcrita debe pertenecer a esa fecha y sus redactores unos jóvenes izquierdosos por el latiguillo del "imperialismo", "los ricos", etcétera. Homófobos como suelen ser o aparentan ser los fidelistas, chavistas y maduristas (¿hubo alguna vez maduristas?) y cultores de Bolívar, como el chavismo cursi y ramplón. Salvo que se hayan pasado a las filas de la revolución bolivariana y permanezcan ciegos por el dogma del chavismo, ¿qué dirían hoy esos jóvenes de entonces de lo que les sucedió a Venezuela y a Simón Bolívar con el paso rasante, depredador, corruptor y exterminador de Hugo Chávez y sucesores?

Capítulo III
La adulación, enfermedad con raíces en el caudillismo

Adular, lo que en lenguaje criollo se conoce también como "guindarse" (ya se sabe de cuál parte de la anatomía masculina) o, menos delicadamente, "jalar bolas" (testículos), es tan antiguo como la existencia del poder, especialmente del poder absoluto. Las denominaciones vulgares que aluden a las partes masculinas de las que la gente se cuelga o a las que acaricia para hacer lo que los españoles llaman "la pelotilla" a un poderoso, derivan de que el poder ha sido tradicionalmente ejercido por hombres. Eso no significa que las mujeres, con mucho o algún poder, no sean también objeto de esa inveterada práctica. Hay diferentes estilos, maneras y mecanismos de adulación que se pasean desde la sutileza hasta la más ramplona cursilería.

No voy a enumerar las diferentes maneras de "guindarse", nadie podría superar el profundo conocimiento del tema desplegado con especial talento y gracia por Edecio La Riva Araujo en su extraordinaria obra *Elogio de la adulancia*. Solo voy a referirme a unos pocos casos de esa manera demasiado obvia y por demás cursi de "jalar". En mi ópera prima, *Permítanme contarles*, apareció la carta de uno de esos jaladores que me permito transcribir *ad longum* y *ad pedem litterae*, por sus características singulares:

Distinguida doctora:
La satisfacción de la noble comunicación está en los hombres como una de sus más grandes estimas, por lo que hace de este inmediato escrito, un solaz esparcimiento de esta principiante amistad, que haría en usted como en mí, la mejor remuneración

de humanidad, que se ahonda más en el saludo hacia usted de estos mis amigos de la Junta Directiva, los que se muestran amigos suyos también, por voluntaria insistencia de hacer estrechas relaciones con tan ilustrísima y preocupante personalidad que llena el requisito de Patrimonio Nacional, en el fruto genio y cuerpo social, por estar en sus alturas la esperanza del conocimiento, luces de los pueblos.

Esta comunicación y este conocimiento, que con tanta y presurosa insistencia hablamos en todos los áticos de nuestra vida social, es el pan de cada día que conllevó también nuestra historia para saborear en particulares o en colectividades la educación, que es el nacimiento en vida y causico [sic] de la conciencia creativa; solo en memoria de los inmortales se hizo entrever este apresuramiento de la comunicación y el conocimiento, lo habla un "Discurso de Angostura" y una memorable Gramática de Bello, en suficientes razones de personificar la voluntad de un pueblo que en estancias autóctonas es compás de sed de sabios.

Ahora me llevo a solicitar en colaboración, mutua, para hacer más imperiosa y real nuestra Constitución y llegar a ser consecuentes reflexivos con el Decreto Nº 559 del 19 de noviembre de 1974: Considerando: Que los servicios de documentación, biblioteca y archivo constituyen la infraestructura de la información científica, tecnológica y humanística, recursos indispensables para el desarrollo nacional integral. Que es inaplazable una evaluación de los recursos bibliotecarios, de archivo y documentación con que cuenta el país y la consciente formulación de lineamientos generales que permitan planificar, realizar y desarrollar al máximo los mencionados servicios. Hechos que demuestran la preocupante territorialidad de la cultura, para hacer más inmediatas y numéricas las bibliotecas a nivel nacional.

El Sunep-Inavi, con su Secretaría de Previsión Social y Relaciones, tiene en sus preocupaciones y proyectos la creación e implementación de una Biblioteca Sindical Central y bibliotecas regionales a nivel de sus sucursales en las provincias, la cual haríamos en ver la necesidad en los empleados públicos de aumentar sus investigaciones culturales en favor de ellos y sus familiares. Yo me anudo a su colaboración en lo que respecta al sucesivo desarrollo nacional, siendo agradecido y consecuente amistoso en lo que pueda razonablemente ayudar mis servicios de ciudadano.

Atentamente...

Copio ahora dos cartas por el estilo, que me fueron enviadas cuando ejercía mi labor de diputada al Congreso de la República, en mi primer ejercicio como tal:

Ciudad Guayana, 17 de enero de 1985

Diputado
Paulina Gamus Gallegos
Subjefe de la Fracción Parlamentaria de Acción Democrática
Congreso de la República
Caracas

Distinguido compatriota y compañero:
Con el beneplácito de comenzar un nuevo año con alentadores augurios en el plano político, social y económico, según se desprende del calificado juicio del presidente de la república, compañero Jaime Lusinchi, y acreditadas opiniones de expertos económicos internacionales, le expreso mi saludo y elevado espíritu de amistad.
Ahora bien, ante tal circunstancia de alagadoras [sic] bondades y mi personal agobio por no haber podido lograr una vivienda propia para mi familia, después de muchos años de inveterado trabajo profesional donde a diario ponemos en juego nuestra propia vida, recurro a la señera, generosa y franca amistad que usted me ha honrado, solicitando el excelente soporte de vuestras gestiones

al nivel que creyere conveniente, lo cual reforzaría el derecho que me asiste en el caso que de seguidas le expongo:

Desde hace cuatro años tengo retenidas en el Ministerio de Justicia acreencias no prescritas de acuerdo a los expedientes (...) por un total de Bs. 116.274,00. La retención se origina por haberse incoado en mi contra una caprichosa averiguación administrativa que, para mayor daño hacia mi persona, motivó un año de suspensión del ejercicio profesional que a la postre de minuciosas y persistentes indagatorias me dejó liberado de toda responsabilidad para obtener, como era de esperarse, la preclara resolución de habérseme aplicado medidas arbitrarias, injustas e inmotivadas.

No obstante del justo desagravio en lo que concierne a lo cívico, moral y profesional, no he logrado resarcir la afección material causada contra lo que considero patrimonio sagrado de mi orgullosa familia y que aún permanece retenido injustificadamente.

Aspiro y confío que se hará justicia en el menor tiempo prudencial, mediante su invalorable aporte ungido al fragor de nuestras virtuales relaciones y probada amistad.

Tenía razón este funcionario de lo que entonces se llamaba Policía Técnica Judicial, en la que laboré nueve años de mi más lozana juventud: nuestras relaciones eran virtuales porque jamás logré saber quién era el atribulado remitente de la antes transcrita misiva.

La adulación y el tener que acudir a lenguajes rebuscados que los hacían risibles, también fue y ha sido consecuencia de un país donde los mecanismos burocráticos siempre han sido lentos, ineficientes y con frecuencia corruptos. De manera que siempre hubo que acudir al que podía ejercer influencias – gratuitas o remuneradas– para solventar problemas que de otra manera tendrían que ser atendidos y resueltos ¡alguna vez! por los funcionarios competentes.

San Diego, octubre 1976

Honorable Diputada
Paulina Gamus Gallegos
Caracas, Venezuela

Distinguida personalidad, tomando en cuenta como puente fronterizo la amistad que existe entre usted y mi cuñado, pido así la embajada de su rectitud llevando como principio de identidad la aspiración de ingresar a la Universidad Central de Caracas [sic]. Para ello es ineludible y primordial obtener datos concretos y clarificados que me permitan darle vida material al caudal de mis aspiraciones cognoscitivas y universitarias. El primer inciso petitorio es saber cuál es la tramitación o el papeleo necesario para franquear el umbral de la universidad caraqueña sin contar con inconveniencias frustrativas que en muchos casos se presentan.

Si mi misiva va a torpedear sus obligaciones desde el punto de vista laboral, la faculto para que anule el favor que le pido diplomáticamente. En caso contrario, si le es factible hacerlo, invocaré su constancia administrativa para que siga teniendo éxitos fructíferos en el cargo que desempeña. Sé por simple intuición que su cargo no converge con el mío como estudiante, pero cada cual puede conocer el terreno donde cultiva sus relaciones sociales y culturales.

Las fronteras pueden separar a los hombres, pero no pueden separar los ideales aspirativos de unas personalidades. Combinando el bolivarianismo que nos une históricamente, dejo mi inquietud entre los papeles de su despacho esperando que el canasto de la apatía no sea su última morada.

Latinoamericanamente...

San Diego octubre 30/76
(Cesar)

Honorab...

Caracas V/zuela

Distinguida personalidad: Tomando como puente fronterizo la amistad que existe entre usted y mi cuñado, oido así lo en la embajada de su rectitud, llevando como principio de identidad, la aspiración a ingresar a la universidad central de Caracas. Para ello es ineludible y primordial obtener datos concretos y clarificados que me permitan darle vida material al caudal de mis aspiraciones cognositivas y universitarias. El primer inciso petitorio es saber cual es la tramitación o el papeleo necesario, para franquear el umbral de las universidades caragueñas sin contar con inconveniencias (frustrativas) frustrativas que en muchos casos se presentan.

Si mi misiva va a torpedear sus obligaciones desde el punto de vista laboral lo faculto para que anule el favor que le pido diplomáticamente en caso contrario si le es factible hacerlo invocaré su constancia administrativa para que siga teniendo

El canasto de la apatía y mi carpeta de cosas insólitas fueron la última morada de esta carta. La Universidad Central de Venezuela no merecía el ingreso de este alambicado personaje, suponiendo que yo hubiese podido lograrlo.

No solo fueron cartas las que recibí en mi condición de parlamentaria, también premios virtuales de organizaciones aún más virtuales; por ejemplo, una llamada "Fundación Juventud Ocupada". Esa fundación creó el premio "Princesa Yarúa, honor a quien merece un lugar en la historia" y decidieron otorgármelo mediante la siguiente misiva:

Señora Paulina Gamus
FIGURA RELEVANTE DEL SIGLO
Mención Cultura. Premio Nacional
Distinguida señora, tiene usted los dones naturales de los grandes hombres: sabiduría, entendimiento, los cuales han contribuido a la construcción del mundo dejándole un hermoso legado: su obra, la auténtica herencia de los sabios. Tiene usted el don de fascinar, por lo cual se ha ganado un lugar preferencial en el corazón de la gente que le conoce y le admira. La Fundación Juventud Ocupada, una fundación al servicio de la juventud desocupada, a través del Premio "Princesa Yarúa", lo [sic] ha elegido [sic] por unanimidad, el cual aspiramos usted acepte con la emoción que brindan los grandes triunfos y la esperanza en lo bueno, lo bello y lo grande.

El premio para el cual ha sido usted elegido [sic] consta de: 1º Estatuilla en metal y piedras preciosas con características indígenas. 2º Pergamino nominativo. 3º Pergamino biográfico. Un honor para quien consideramos una persona grande del siglo XX. Fundación Juventud Ocupada. Una Alternativa de Empleo Fijo y Estudios Superiores. [Firma su presidenta, MVR.]

Conversando con el peregrino

En los años 80, durante el Gobierno de Luis Herrera Campins, *El Diario de Caracas* publicaba con alguna frecuencia una columna con la firma de Héctor Fleming Mendoza, ex teniente del Ejército venezolano quién había sido uno de los cabecillas de la asonada militar conocida como el Carupanazo (4 de mayo de 1962) porque ocurrió en la ciudad de Carúpano, estado Sucre. Los conjurados pretendían derrocar el Gobierno democrático de Rómulo Betancourt. Veinte años después, el 15 de marzo de 1982, en el mencionado diario, apareció publicada una columna con la firma del mismo personaje, que hizo pública una de las "jaladeras" más obvias y carentes de la menor discreción al entonces presidente de la república Luis Herrera Campins. La misma lleva por título "Conversando con el peregrino". La transcribo tal como apareció en *El Diario de Caracas*:

"18 de julio de 1981
–¡Hola! Fleming ¿cómo andas?
–Bien, Presidente.
–Estás muy prolífero.
–Se lo debo a usted, Presidente.
–Te sigo también por los diarios de provincia.
–¿Eso es malo, Presidente?
–¡No, muy bueno!
–Me alegra, Presidente.
–Y gracias por la parte que a mí me corresponde.
–Usted se lo merece, Presidente.
(Círculo Militar, Salón Boyacá, encuentro con motivo del aniversario de *La Religión*, decano de la prensa venezolana).

"15 de octubre de 1981
–Mi querido Presidente.
–Hola, Fleming.

90

Conversando con
el peregrino
——Héctor Fleming Mendoza——

18 de julio de 1981

¡H OLA! Fleming, ¿cómo andas?
—Bien, Presidente.
—Estás muy prolífero.
—Se lo debo a usted, Presidente.
—Te sigo también por los diarios de provincia.
—¿Eso es malo, Presidente?
—¡No, muy bueno!
—Me alegra, Presidente
—Y gracias, por la parte que a mí me corresponde.
—Usted se lo merece, Presidente.
   (Círculo Militar, salón Boyacá, encuentro com motivo del aniversario de **La Religión**, el decano de la prensa venezolana).

15 de octubre de 1981
—Mi querido Presidente.
—¡Hola, Fleming!
—Me alegro de verlo, Presidente.
—Te sigo leyendo.
—Me alegra, Presidente.
   (Salón Plenaria del Centro Simón Bolívar, encuentro con motivo del directorio nacional del partido social cristiano Copei).

30 de noviembre de 1981
—¿Qué tal, Fleming?
—Muy bien, Presidente.
—Te sigo leyendo.
—Gracias, Presidente.
—Me gustó mucho el peregrinar.
   (El presidente Herrera se refiere a dos artículos publicados en **El Diario de Caracas**, los días 21 y 28 de septiembre: ¿**Fracasó el peregrino?** y **La visión del peregrino**. Encuentro con motivo del brindis de Jóvito Villalba y su partido en festejos MAR).

24 de diciembre de 1981
8:00 pm: —Buenas noches, Presidente.
—Bienvenido, Fleming.
11:20 pm: —Me despido, Presidente.
—Te sigo leyendo. Y me pareció muy bueno tu artículo sobre el general Castro Hurtado.
—Titulé: **Perdón, mi general.**
—Ese mismo.
—¿Y El caso Miskin, que salió esta semana?
—Si lo vi, pero: **Perdón, mi general**, muy bueno.
—Buenas noches, Presidente.
—¿Puedes venir el 27 a visitarme? Quiero conversar contigo.
—Muy bien, Presidente. Y no se me haga distante.
—¡Eso nunca! Te espero el 27.
   (La s sona, 24 de diciembre de 1981, Noche Buena)
   P.S. (Mi casa, 24 de diciembre de 1981. Hora: 1:30 de la madrugada).

–Me alegro de verlo, Presidente.

–Te sigo leyendo.

–Me alegra, Presidente.

(Sala Plenaria del Centro Simón Bolívar, encuentro con motivo del directorio del Partido Socialcristiano Copei).

"30 de noviembre de 1981

–¿Qué tal, Fleming?

–Muy bien, Presidente.

–Te sigo leyendo.

–Gracias, Presidente.

–Me gustó mucho el peregrinar.

(El presidente Herrera se refiere a dos artículos publicados en *El Diario de Caracas* los días 21 y 28 de septiembre: '¿Fracasó el peregrino?' y 'La visión del peregrino'. Encuentro con motivo del brindis de Jóvito Villalba y su partido, en Festejos Mar).

"24 de diciembre de 1981

–(*8 pm*) Buenas noches, Presidente.

–Bienvenido, Fleming.

–(*11:20 pm*) Me despido, Presidente.

–Te sigo leyendo y me pareció muy bueno tu artículo sobre el general Castro Hurtado.

–Titulé 'Perdón, mi general'.

–Ese mismo.

–¿Y el caso Miskin que salió esta semana?

–Sí lo vi, pero 'Perdón, mi general', muy bueno.

–Buenas noches, Presidente.

–¿Puedes venir el 27 a visitarme? Quiero conversar contigo.

–Muy bien, Presidente. Y no se me haga distante.

–¡Eso nunca, te espero el 27!

(La Casona, 24 de diciembre de 1981. ¡Noche Buena!).

(P.S. Mi casa, 24 de diciembre de 1981. Hora: 1:30 de la madrugada)".

Capítulo IV
Los autofelicitadores y felicitadores a secas

Cada 2 de diciembre por los años 80, aparecía una nota pagada en el diario *El Nacional* de Caracas que decía: "Cumpleaños del Dr. Claudio F. Gorsira G". En la foto, un señor bien parecido con saco y corbata, y luego la leyenda que puede leerse en una de las fotografías. La nota, evidentemente pagada por el cumpleañero, lo describía como "el tipo de abogado científico que obvió la pesada disciplina de solo interpretar la 'letra legal', para abocarse al estudio de los problemas del submundo interior de quienes, al trasgredir la ley o buscar en ella la conciliación de sus problemas, buscan a este tipo de abogado, al asesor y consejero. La ocasión será propicia, igualmente, para estimular la labor que desarrolla en los campos de la litis, donde ocupa sitio de respeto por la honesta acción profesional que desarrolla".

En el otro remitido de otro cumpleaños, después de agradecer a los múltiples amigos y relacionados que lo agasajan por su nuevo aniversario, les suplica no celebrarlo por el duelo que lo aflige en vista de la reciente muerte de su padre.

Acudo a mi noble, fiel e inseparable amigo Google para indagar algo más sobre este personaje del que solo conservo los recortes periodísticos de sus cumpleaños, y aparece una nota firmada por Andrés Salazar Álvarez sobre el periodismo judicial en Venezuela. Del abogado Claudio Gorsira dice lo siguiente: "El abogado penalista Claudio Gorsira era todo un personaje, de impecable vestimenta y evidente homosexualidad. Se dedicó a defender la causa de los presos humildes con verdadera pasión. Su bufete estaba en el segundo piso del edificio Ambos Mundos y eran tantas las personas que allí acudían, que desde muy temprano su secretaria repartía los números que atendería el Dr. Gorsira. Existe una anécdota referida por él mismo en la cual unos ladrones le robaron por equivocación su carro y, al enterarse de que era el carro de Gorsira, se lo devolvieron con una nota en la que le pedían disculpas. Sin duda Gorsira era uno de los abogados 'influyentes' en el foro judicial venezolano. Cada año, al celebrarse el Día del Abogado, Gorsira llevaba una banda de mariachis al edificio Universidad, sede de los tribunales. Los músicos iban tocando por todos los juzgados y entraban al despacho de algunos jueces, los más allegados a su grupo de amigos".

***

La felicitación del "Leoncito" y la del "Bigote Agresivo" que aparecen en las imágenes siguientes no requieren mayores comentarios. No así la de José M. Hernández, que, con la respectiva foto, lleva el siguiente texto: "Feliz cumpleaños. Hoy cumple cuarenta años el fino caballero José M. Hernández. Ha dedicado su vida al enriquecimiento de nuestro lenguaje y al uso de las más delicadas y cultas costumbres. En su viaje a Sofía, Vulgaria [sic], inspirado por la belleza de esa ciudad, escribió: '¡Oh Vulgaria, oh Sofía, recorrí tu suelo en mulo, viviendo como lo hace mi tía, ese enorme y redondo cuerpo'. Por tal motivo esos vulgaros [sic] amigos quedan invitados a tan inolvidable celebración".

RICARDO

(Mi Bigote Agresivo)

Mi corazón está lleno de regocijo,
porque tú estás arribando a la edad
donde la ves clariiita.
Mi ansiedad no tiene límite y la pasión
se desborda por el añorado encuentro.
Sigues siendo mi favorito

Feliz Cumpleaños ¡Besos!

T.Q.Q.J.

LA DEMOLEDORA

"CUMPLEAÑOS DEL DR.
CLAUDIO F.
GORSIRA GONZALEZ"

QUE SE CELEBRARA HOY DOS
DE DICIEMBRE DE 1980

El doctor Claudio F. Gorsira González, relegado penalista agradece profundamente a sus múltiples relacionados y amigos que se han interesado en enviarle ya felicitaciones con motivo de celebrarse hoy martes dos de diciembre su "Cumpleaños". Como ha sido tradicional que en esta fecha la abracen en agasajo hace apertura la atención para participarles que en ho suspendido su celebración por el duelo que le aflige por motivo de la muerte de su padre, ocurrido el 17 de octubre del corriente año. A todos sus amigos y relacionados, tanto del país como del exterior, hace pública su agradecimiento.

Diciembre
1980 EL NACIONAL

LEONCITO:
¡FELIZ CUMPLEAÑOS!

DE: TU LEONCITA ENAMORADA

EL NACIONAL
26-8-...

Padrinos de excepción

No puedo identificar la fecha (supongo que fue 1978) ni la fuente de este curioso aviso que comienza con la advertencia "¡Es hoy!". Más abajo los nombres de Lorena y Soraya Campíns cuentan con sus padrinos de grado, los altos personajes, el destacado expresidente Rómulo Betancourt (de Sorayita) y Luis Piñerúa Ordaz (de Lorena). ¡Correcto! (nota de la autora: "¡Correcto!" era el lema de la campaña presidencial de Luis Piñerúa).

"(...) para bailar con ellos un vals y pasodoble que complacerá esa gran orquesta en el Círculo Militar, la Billo [sic] Caracas Boys en el Baile Primaveral, tales como 'Brisas del Zulia', 'Sombra en los médanos' (donde nacieron sus hermanos Tony y Nelson Campíns), 'Caracas' y 'Señora bonita', ¡que nos recuerda la campaña del compañero Gonzalo Barrios! ¿Okey? Por la Promoción de Bachilleres del International School Maracay. ¡Correcto!". El aviso termina así: "Esperamos al Dr. Rafael Caldera Rodríguez, etc., etc., etc.".

***

No es frecuente que un novio se autofelicite sin tomar en cuenta a la novia. Tal cosa ocurrió, sin embargo, con un primo del entonces presidente Luis Herrera Campins. El remitido o aviso pagado que se reproduce, pero resulta ilegible en la copia, dice así: "En Alta Florida, Iglesia Nuestra Señora de Pompei, 7 pm, bendecirán una bonita boda –Campíns-Gulino–. Son hijos del médico Dr. R. Campins y la periodista colaboradora especial del presidente de la república, licenciada Lucila Guevara Oberto y el honorable Sr. Giuseppe Gulino y doña Ángela de G. La periodista Guevara ha seleccionado a su excelencia el Dr. Luis Herrera Campíns y a doña Betty (primos del novio) como padrinos especiales que, con Sorayita Campíns (19), hermana del novio, encabezan entre otros el tradicional desfile. La recepción en el Salón de Fiestas de

San Bernardino será un brindis de champagne y cena. Su larga luna de miel será en Italia. Para ocupar su lindo apartamento al regreso en Colinas de Bello Monte. El universitario de 5º año de Ingeniería Eléctrica y la ejecutiva y linda italianita Nuccia Gulino. ¡Felicidades y bendiciones, hijitos!".

Por cierto, nos quedamos sin saber el nombre del novio. Apenas su fotografía.

Más o menos dentro de la misma onda fue el aviso que publicó, por supuesto que con fotografía tipo pasaporte incluida, el señor Ángel Piñera. Con el título "Rumbo a Europa", nos anunció lo siguiente: "Ángel Piñera Guevara, quien durante 6 años se desempeñó como gerente de mercadeo de la Fábrica de Pastas Milani CA, ha partido hacia Europa por tiempo indefinido. Piñera aprovechará sus largas vacaciones para escribir una novela autobiográfica basada en sus experiencias en el mundo corporativo.

Piñera anuncia desde ya que no aspira a la inmortalidad literaria, pero se niega a morir estrangulado por un espagueti. Piñera se despide así del mundo de los ejecutivos para dedicarse al oficio de escritor. Aprovecha la oportunidad para despedirse de todos sus amigos y relacionados y agradece a Venezuela, país que le permitió liberarse, todas las oportunidades que le brindó durante 9 fructíferos años. Piñera empezará una nueva vida a los 40 años en su villa de la Costa Brava. *Le vie c'est magnifique* [sic]".

La tarjeta que sigue, de la que he recortado el nombre de los progenitores de los novios, solo tiene por objeto mostrar hasta dónde puede llegar el absurdo o la inconsciencia o ambos de unos padres al bautizar a sus hijos, en este caso hija: ¡¡ZABDYKGELIZUR!!

ANGEL PIÑERA rumbo a Europa

Angel Piñera Guevara, quién durante 6 años se desempeñara exitosamente como Gerente de Mercadeo de Fábrica de Pastas Milani, C.A., ha partido hacia Europa por tiempo indefinido. Piñera aprovechará sus largas vacaciones para escribir una novela autobiográfica basada en sus experiencias en el mundo corporativo. Piñera, anuncia desde ya, que no aspira a la inmortalidad literaria, pero se niega a morir estrangulado por un espaguetti. Piñera se despide así del Mundo de los "Ejecutivos" para dedicarse al oficio de escritor. Aprovecha la oportunidad para despedirse de todos sus amigos y relacionados y agradece a Venezuela, país que le permitió liberarse, todas las oportunidades que le brindó durante 9 fructíferos años. Piñera empezará su nueva vida, a los 40 años.

La boda

Se atribuye a Napoleón Bonaparte haber dicho que "de lo sublime a lo ridículo no hay más que un paso". Difícil saber si realmente ese pensamiento es de alguien que cayó en el ridículo de su coronación. Más difícil aún es establecer cuántos pasos hay entre el ridículo y la cursilería. Quizá podamos acercarnos a la respuesta después de leer una reseña pagada, que llevaba por título "La boda" y que fue publicada en *El Nacional* del 11-02-1995. Paso a transcribirla:

"Desde arriba, del cielo donde fue la ceremonia nupcial, en la cima de la colina que conduce al Altar de Cristo en la Iglesia de Nuestra Señora de la Guadalupe, esperando ansiosos la unión con los fieles y amigos, familiares, curiosos y participantes, aguardando todos junto a los invitados a la expectativa... De pronto, por los senderos de la vertiente, allá abajo vislumbrado, tirado por corceles y acompañados de viento, silbando, desde el Rolls Royce azul granado, envuelto en niebla misteriosa del atardecer, el coche nupcial de las praderas lejanas del más allá del horizonte de Caracas, irrumpió majestuoso, por entre la luz del firmamento brindado por estrellas y destellos del pavimento oscuro.

"Con su estela esplendorosa y resguardada, entrecubierta, la novia en manto de satén blanco envuelta, con su padre, se deslizó ligera bajo los arcos del templo, siempre de su mano, la de su padre, su acompañante protector... Cánticos y cantatas impregnaron la atmósfera llenos de gracia y embrujo, flotando como soplos para recibirlos entre marchas de la aurora celestial y glorias, aleluyas y maravillas líricas, cuando junto a Bach, Mendelssohn, Beethoven, Wagner, Handel, Schubert, Mozart y Purcell, cruzaron cintilantes por sobre colinas de idilio en unión que le esperaban a 'Cuchita' y a Christian, entrelazados padre e hija, al frente, sonrientes del cortejo que precedían dos arcángeles, Alicia y Vivian.

"Una hora transcurrió de ensueño. Los invitados y los coros con el sacerdocio y los novios sobre el altar, manos dadas todos al unísono con el Señor, con Dios. Extasiados cuando la ceremonia culminó. Entonces por entre dos puertas despejadas por el cielo azul, todavía azul, sin encandilar, por un pasadizo iluminado sobre la noche mágica y antorchas ardiendo en la noche oscura, entre violines apostados y visiones, pasamos todos juntos en armonía al escenario de otro 'templo'. Los novios delante como flotando... Del ritual, celebración devota, nos fuimos a la euforia compartida y bien ganada, al baile y diversión ordenada, a la conversación grata y al buen filtro abundante y variado, en buena cepa.

"Al sano gusto de escuchar música y orquesta al compás del baile y bailarines, danzarines, juguetones y amigos. Entretenidos entre deseos y confidencias transcurrió el tiempo. Hileras de luces enfiladas, suaves, extendidas de un extremo a otro prestaban su fantasía al salón, a la idea de no tener fin nunca el encanto... Sobre su bóveda, entre miradas y estrellas encendidas, como nubes ahí posadas, olas de seda sobre el techo abrochadas balanceadas en una sola celebración: la de 'Cuchita' y Christian, los contrayentes, novios de siempre, en un solo ser estrechados desde ahora esposo y esposa.

"Hasta que sin darse cuenta nadie, se fue la noche con otro día y con él se perdía con el comienzo de un nuevo albor. Como el mar se pierde en la roca, el océano en la playa. 'Cuchita' y Christian ganados uno para el otro, por siempre, en su mantilla de hadas... Junto al 'novio', con su pétalo de epitalamio, corola de oro y diamantes, se fue la novia, ahora esposa, bajo la noche misteriosa, protegida. Entre el día tres, viernes, y el día cuatro de febrero, noche de Gracia. Para todos inolvidable". Firma: Rhutra.

Solo un comentario de la autora: qué suerte tuvieron "Cuchita" y Christian de que sus apellidos no fuesen mencionados, de manera que el ridículo se limitó al círculo de familiares y amigos invitados. Ah, y una pregunta: ¿seguirán casados, no los habrá alcanzado la pava, gafe o mabita de esa reseña?

¡¡Llegó Revolución!!

YURY NARANJO
Y
ADENIS FLORES DE NARANJO

PARTICIPAN A SUS AMISTADES
LA LLEGADA AL MUNDO DE SU HIJO

José de la Revolución

CLINICA LUIS RAZETTI — HAB. 237.

SEMANA, 18/24 octubre 1973

***

A cualquiera venezolano o extranjero, residente en Venezuela o en cualquier otro lugar, al que usted pregunte cuándo llegó la revolución a este desde entonces desdichado país, responderá que fue con Hugo Rafael Chávez Frías. Pocos se habrán enterado de que, en octubre de 1973, los esposos Yury Naranjo y Adenis Flores de Naranjo decidieron bautizar a su vástago como José de la Revolución. El pequeño aviso aquí reproducido y que publicó la revista *Semana* en la fecha ya señalada, dice "¡¡Llegó Revolución!!", así, en negritas y entre signos de exclamación, para informar a las amistades de los padres y al público en general de la llegada al mundo de su hijo en la Clínica Luis Razetti, habitación 237.

José de la Revolución Flores, de estar vivo como debe suponerse por su edad –43 años–, ¿habrá tenido que cargar con ese nombre como lastre o, por el contrario, al verse predestinado habrá engrosado las filas del chavismo depredador?

Un venezolano famoso en Washington, Inglaterra, en casi el mundo entero, pero desconocido en su país

El 28 de octubre de 1985, en la Columna "Este personaje es noticia", del vespertino *El Mundo*, se publicó la foto sonriente de un personaje con el nombre de Simón Rafael Contreras Velásquez. Según la noticia que seguía a la foto, "el Círculo Literario Internacional de Washington DC informó que Contreras Velásquez ganó el 'V Concurso Internacional de las Letras Contemporáneas', celebrado en Londres, Inglaterra, recientemente. El joven intelectual venezolano, creador del 'Movimiento de Aguante o Simonismo', obtuvo tan renombrado y prestigioso galardón con su obra *Yestermorrow Dimensions* (*Dimensiones de las mañanas del ayer*). El 18 de diciembre de este año recibirá el premio ($ 6.000) en la capital inglesa en una ceremonia de tanta significación en el mundo de la cultura que a la misma han sido invitadas distinguidas personalidades del arte, la literatura y el pensamiento de diversas nacionalidades. El brillante escritor latinoamericano ha sido objeto de felicitaciones por parte de los notables de la intelectualidad europea, latinoamericana y de otros continentes, incluyendo a la Reina de Inglaterra su Majestad II [sic]. El triunfo de este compatriota lo coloca en el más alto pedestal de la literatura. Contreras, con su talento y gran sensibilidad humana, da un gran impulso a las letras de este tiempo tan convulsionado por los valores de la materialidad y revela una capacidad de superación poco común. Su familia reside en la pujante y vigorosa ciudad llanera de Valle de La Pascua, considerada su patria chica. Anteriormente había ganado el premio 'Shakespeare de Oro', en la ciudad de Calgary, Canadá, al competir en el VI Concurso Internacional de Historias Románticas Cortas. En años anteriores escribió numerosas e importantes obras como *Los conucos de Juan Topiro*"... Firma la nota el periodista Wilfred Abrahamz Veitía.

Esta noticia llegó a mi carpeta de cosas insólitas en septiembre de 1986 cuando ejercía la presidencia del Consejo Nacional

September 18, 1.986.

Circular Y Participación General

El Círculo Literario Internacional de Washington, EE.UU se complace en anunciar que su ilustre miembro Simón Rafael Contreras Velásquez, Príncipe de las letras contemporáneas y Barón de los escritores universales, estará de visita en su patria natal del 19 de diciembre al 4 de enero.

El jóven Contreras Velásquez ha puesto muy en alto el nombre de Venezuela en el universo por medio de sus triunfos literarios, sus logros periodísticos y su noble y ejemplar labor en pro de la educación bilingüe en los EE.UU.

Queremos rogarle muy gentilmente sus mayores atenciones para con tan brillante hijo de la Patria de Bolívar.

Si desea contactar al jóven Contreras Velásquez, puede hacerlo dirigiéndose a la dirección de su familia en Venezuela:

Calle: Camaleones Sur # 93. Valle de la Pascua. Estado Guárico.

Le anticipamos nuestras más sinceras y expresivas gracias por sus esmeradas atenciones para con tan grande valor literario y humano.

Sinceramente, *Albert B. Ross*
Albert B. Ross.
Director de Relaciones Públicas. C.L.I

P.D: Le sugerimos muy humildemente el que envíe una delegación de bienvenida el día 19 de diciembre al aeropuerto de Maiquetía, o enviar telegrama de felicitación.

Simón Rafael Contreras Velásquez

Este Personaje es Noticia

Diario El Mundo, Caracas; 28 de octubre de 1.985.

de la Cultura. Pero la nota de prensa no venía sola, la acompañaba una supuesta versión en castellano de una circular y participación general que rezaba así: "El Círculo Literario Internacional de Washington, EEUU, se complace en anunciar que su ilustre miembro Simón Rafael Contreras Velásquez, Príncipe de las Letras Contemporáneas y Barón de los Escritores Universales, estará de visita en su patria natal del 19 de diciembre al 4 de enero. El joven Contreras ha puesto muy en alto el nombre de Venezuela en el universo, por medio de sus triunfos literarios, sus logros periodísticos y ejemplar labor en pro de la educación bilingüe de los EEUU".

"Queremos rogarle muy gentilmente sus mayores atenciones para con tan brillante hijo de la patria de Bolívar. Si desea contactar al joven Contreras Velásquez en Venezuela, puede hacerlo dirigiéndose a la dirección de su familia en Venezuela: calle Camaleones Sur 93, Valle de la Pascua, estado Guárico. Le anticipamos nuestras más sinceras y expresivas gracias por sus esmeradas atenciones para con tan grande valor literario y humano".

Firma un tal Albert B. Ross, director de relaciones públicas del CLI, y luego una posdata: "Le sugerimos muy humildemente el que envíe una delegación de bienvenida el día 19 de diciembre al Aeropuerto de Maiquetía o enviar un telegrama de felicitación".

No hice ni lo uno ni lo otro y hasta el día de hoy, al reencontrarme con este recorte, me pregunto: cómo es que Venezuela ignoró por siempre la existencia de una gloria universal nacida en nuestro suelo patrio, como este joven "Príncipe de las Letras Contemporáneas y Barón de los Escritores Universales". Una vez más se constata que nadie es profeta en su tierra.

Capítulo V
Obituarios

He meditado mucho antes de escribir esta introducción al capítulo que se refiere a las manifestaciones mortuorias, pero no puedo evitarlo porque es quizá la más insólita de todas las participaciones que se hacen publicar en la prensa escrita para dar cuenta del fallecimiento de un familiar. En ello incurren hasta las personas de más elevada posición y cultura y por supuesto muchas que gozan de mi aprecio. Se trata de que en Venezuela los muertos invitan. No hay prácticamente obituario en el que no aparezca una cantidad apreciable o no, según el caso, de cónyuges o vástagos del fallecido que murieron con anterioridad a este. Una cruz colocada entre paréntesis da cuenta de esa partida previa al otro mundo. Para decirlo en otras palabras: en Venezuela los muertos no están tan muertos como para no invitar al sepelio o cremación de sus seres queridos.

Dicho esto, y con la certeza de que he ofendido sin que haya sido mi intención a centenares de dolientes, entro en materia: los obituarios más singulares de mi colección.

La joya de la corona de esta sección es un obituario publicado en *El Nacional* de Caracas, el 18 de enero de 1974. Es el recorte más amarillento e ilegible de mi archivo y me ha costado gran esfuerzo transcribirlo. Empecé con una potente lupa, pero luego llegó mi sobrina Victoria, de 12 años, y con la potente lupa de sus ojos lo leyó completo, permitiéndome la transcripción. Este obituario fue una de las piezas más destacadas en la Cátedra del Humor, sección "Ramillete de la cursilería universal", que protagonizaban Pedro León Zapata y los hermanos Delgado Estévez y que llenó de carcajadas el Aula Magna de la Ciudad Universitaria de Caracas durante varios meses de comienzo de los 70.

El obituario en cuestión tiene el título de "Recordatorio", luego la fotografía tipo carnet de un hombre joven, bien parecido, con abundante cabellera negra y bigote al estilo de los galanes del cine mexicano de la época. Debajo de la foto una especie de dedicatoria: Sr. Don José Gregorio Delgado Oquendo. Dirección: El Cielo.

Querido José, hace cuatro años que te fuiste y parece que fue ayer. Todo está igual como lo dejaste excepto mi inmensa tristeza y la profunda soledad de mi alma. Ramirito y Gastoncito siempre te recuerdan, ellos te quieren mucho. Tú sabes, José, que tú y yo somos los más infelices y por supuesto los que más nos comprendemos.

Al tú partir me quedé en la más profunda desolación, aunque tú vives en mí y en mi recuerdo y a cada instante oigo mi nombre en tus labios y a cada instante, en la película de mi pensamiento, veo tu imagen, tu risa, tus chistes, tu alegría, tu deseo de vivir. No me resigno a que te hayas ido tan lejos. Ese 18 de enero de 1970, signo nostálgico del año, época taciturna y melancólica para aquellos seres que necesitan alegrar su vida con sus mejores ofrendas, los árboles el vendaval azota y los despoja de su vestidura, también la mano de la parca infernal me despojó de ti, todo lo destruyó el invierno. Hermano mío, si pudieras reclinar tu cabeza como cuando eras niño, sobre el pecho mío, oirías que dentro del mismo hay un carpintero impío que traza mi ataúd. Ya Zabalita no desea vivir más si ti. José, estuve allá en Barinitas, en la casita donde estuvimos juntos con nuestra santa madre. Fui a La Paraguanita y vi la inmensa cascada de agua cristalina y pura y me acordé mucho de ti. ¿Recuerdas cómo agarrados de la mano nos asomamos al río y te reías al ver nuestras siluetas juntas en el fondo del agua?

¿Por qué, José querido, el destino nos separó para siempre? ¿O será una separación transitoria? Nos volveremos a ver, hermanito mío, algún día no muy lejano, ¿verdad? Yo sé, José, que tú tienes

que estar muy triste y muy solo. Dime si has visto a nuestra santa madre, a nuestro padre, ¿has hablado con ellos, qué te han dicho? Contesta, José querido, que tu silencio sepulcral me aterra y me hace enloquecer. En fin, de mí te diré que contigo se fue mi vida entera y que no deseo vivir. De nuestras tías que mi madre nos enseñó a querer, todas te recuerdan y te bendicen, y yo te bendigo las 24 horas del día y te siento siempre en el aire, en el perfume que despiden los cipreses y los sauces, en los no me olvides, en las flores silvestres, en los crepúsculos, en la luna, en las nubes grises, en el fondo del agua y del cristal está tu imagen y en mi corazón como un tatuaje quedó eternamente grabada.

Beso, bendígote. Contesta pronto.
Tu infeliz hermana,
Isabel Castillo Oquendo

Dirección: Santuario Nuestra Señora de Coromoto. El Pinar. Hora: 6:30 pm.

***

El abogado Hermann Escarrá se ha hecho célebre en estos últimos años, aunque, tristemente, por su afición a cambiar de tolda política con gran frecuencia. Comenzó siendo chavista, saltó luego a la más radical oposición para retornar a las filas del chavismo sin Chávez. En cualquiera de sus apariciones públicas, para quienes no hayan podido verlo, nos topamos con un hombre bastante grueso, siempre vestido de negro, de cabello algo ensortijado y cubierto con suficiente brillantina (quizá aún tenga reservas de la muy antigua Glostora) y, lo más importante, con un hablar alambicado, barroco, rebuscado, pomposo y por supuesto cursi. En mi archivo está el obituario dedicado por el abogado Escarrá a su progenitora. Fue publicado en *El Universal* de Caracas, el 22 de noviembre de 1991. El texto: "En estos años de ausencia, la lejanía es trémula y débil. La angustia perdió su obstinación y los gritos son como una hoguera en el corazón que dibuja dedales, tardes cálidas y una infinita conversación con alas. Hoy seguimos abonando la tierra, pero ahora con tu luz. Tu hijo Hermann Eduardo".

* * *

Nadie como los judíos para hacer chistes sobre nosotros mismos. Uno muy célebre es el de la inscripción en una lápida que dice: "Aquí yace Moisés Cohen, quien en vida fuera dueño de los almacenes Todo Barato, al frente de los cuales continúa su viuda con los mismos precios solidarios de siempre". Es bien sabido que los chistes, como las telenovelas, pueden superar la realidad. En fecha que no puedo precisar porque el recorte aparece roto al final, *El Universal* de Caracas publicó un obituario por el estilo de la antes mencionada lápida, que no requiere de mayores comentarios:

Otro por el estilo, aunque más modesto en sus dimensiones y efectos publicitarios, fue el de Productos Roldán, publicado para manifestar su pesar por la muerte de un primo de quien suponemos dueño de la empresa:

"Arnaldo Roldán H, descansa en paz. Productos Roldán, en unión de toda su familia, participa a sus amigos y allegados la partida de este ser querido a otros niveles de vida el 30-12-91. Quien fuera en vida como lo describe su primo hermano Samuel Roldán. Arnaldo, primo querido, te nos fuiste, buen viaje, a reunirte con Mamalán, el Tío... Cristo, Bolívar, Freud, Marx, Mahatma Gandhi, Luther King y todos tus seres queridos. Siempre te saliste con la tuya... terco como el tío. Te hiciste una imagen y obligaste a la vida. Primo, Corazón de Oro como Ricardo... la voz de Jorge Negrete... los pies de Fred Astaire... pero como el Manco de Lepanto fabricaste al Quijote y quisiste ser el Cristo... Oh... socrático filósofo de mayestática dialéctica... conservador y revolucionario... amplio y radical... innovador y reaccionario. Oh, poeta... caudillo de los sue-

GLADYS ELENA MALAVE DE ESCARRA

"En estos años de ausencia, la lejanía es trémula y débil.

HA FALLECIDO EL SR.
ASLAN YEHUDA LEVY

El día 25 del presente mes de abril, falleció en la ciudad de Jerusalén, Estado de Israel, el comerciante nacido en aquella tierra, pero con muchos años de residencia en Venezuela. En nuestro país adoptó la ciudadanía, al igual que su honorable esposa señora Regina Mizrahi. Aquí llegaron por el año 1954 y se die: a la tarea de trabajar intensamente para subsistir y educar a sus numerosos hijos: Jaime, Moisés, Rafael Issac, Abraham, Malca, Margarita, Esther y Victoria, todos los cuales respondieron a los principios de fraternidad, de corrección que sustentaron sus abnegados padres.

El señor Aslan Yehuda Levy, fue la base que sustentó el complejo comercial, que hoy integran las empresas Levy, las cuales se han levantado y desarrollado con el apoyo de todos los hermanos, bajo la coordinación de Rafael Levy. Lo que empezó el señor Aslan en las más ínfimas condiciones se ha venido proyectando a través de los años, hasta convertirse en lo que es hoy, un poder económico bien logrado, limpiamente ganado, sin manchas y sin motivos de arrepentimiento. Siempre compenetrados con los problemas y las inquietudes de su medio ambiente. Han desarrollado sus intereses, sin desatender los intereses de la colectividad. Han creado mercados de trabajo no solamente en Aragua donde además de las tiendas, tienen funcionando una im portante industria, sino que también lo han hecho en otros Estados del p

La muerte del padre de esta ejemplar familia, constituye una p irreparable para todos y en especial para sus hijos. Con tan doloros todos ellos se trasladaron ayer mismo a Jerusalén para estar al lado dre a la hora de darle sepultura. *Uel Universal 30-*

ños. Melquisedec... Rey y mago por el misterio del fuego. Amigo, hermano, primo... aun cuando no fuese yo el mejor visitante... me vas a hacer falta. Samuel".

* * *

Algunas personas aprovechan los obituarios para denunciar traiciones, vengar ofensas o defender sus derechos supuestamente violados. Una señora de origen evidentemente libanés por los apellidos, Juanita Forzán Dagger, aprovechó el fallecimiento de la autora de sus días para publicar, en *El Universal* del 3 de junio de 1982, un obituario denunciando la traición de sus hermanos que le impidió despedirse de la madre muerta:

Otras personas gustan del anonimato para expresar sus sentimientos luctuosos llenos de rencor. Este que se reproduce a continuación se podría denominar doblemente anónimo, ya que, además de no saber el nombre de quien ordenó y pagó su publicación, tampoco se identifica a los destinatarios:

A la categoría de obituarios retaliativos pertenece el de Clodomiro para su padre. Fue publicado en *El Nacional* de Caracas, en septiembre de 1980:

Clodo:

Quienes fueron tus amigos, quienes fuimos tus hijos y yo que fui ambas cosas, estamos seguros de que no merecías terminar así. Fuiste viejo, peldaño útil, valeroso y seguro para la escalada de otros. Roble que diste sombra a muchos y desengaños a ninguno. Leal a toda prueba, hombre por los cuatro costados, padre y amigo.

A quienes te traicionaron, a quienes te explotaron, a quienes utilizaron tu nombre para obtener beneficios, prebendas y favores, a quienes cuando tropezabas te ignoraban pero al erguirte acudían presurosos a lamer tus pies, no te pido que los perdones, solo compréndelos: la maldad cuando es producto de la ausencia de valores, propia del imbécil, es comprensible. Viejo: no te disgustes

ARNALDO ROLDAN H.
– Descansa en Paz –
PRODUCTOS ROLDAN

En unión de toda su familia participa a sus amigos y allegados la partida de este ser querido a otros niveles de vida el 30–12–91.

Quien fuera en vida como lo describe su primo hermano Samuel Roldán.

ARNALDO, PRIMO QUERIDO

Buen viaje... te nos fuiste... a reunir con Mamalán, el Tío... Cristo, Bolívar, Freud, Marx... Mahatma Gandhi, Luther King... y todos tus seres queridos.

... Siempre te saliste con la tuya... terco como el tío. Te hiciste una imagen y obligaste a la vida...

Primo... Corazón de Oro como Ricardo... la voz de Jorge Negrete... los pies de Fred Astaire... pero como el manco de Lepanto fabricaste al Quijote y quisiste ser el Cristo... Oh... socrático filósofo de mayestática dialéctica... conservador y revolucionario... innovador y reaccionario... amplio y radical.

A mi adorada madre, doña

Sultany Dagger

(Vda. de Forzán)

Yo me encuentro muy solita
madre de mi corazón
Porque a ti te separaron
madrecita de mi amor
porque a ti te separaron
de tu hija que soy yo

Tu no sabes lo que sufro
madrecita de mi amor
Han pasado varios años
sin poderte contemplar
la traición de mis hermanos
yo se lo he dejado a Dios

Dios se está ocupando de ellos
madrecita de mi amor
porque el sabe la tristeza
que invade mi corazón

Porque en tu día madrecita
no te pude besar yo
Yo, también sé que sufristes
mamaíta de mi amor
Porque al notar tu mi ausencia
no supiste qué pensar

Yo sé que ellos te mintieron
y lloró mi corazón
Lo que han hecho hasta ahora
no lo puedo perdonar

Qué lejos estoy de ti
madrecita de mi amor
Yo no puedo estar tan lejos
tan lejos de ti, mamá

Sólo sé que estoy sintiendo
Que se me muere el corazón
Esta noche yo he llorado
Mamaíta de mi amor

Madrecita de mi alma
dame tú tu bendición
Y si esto tiene algún perdón
que sólo los perdone Dios

Tu hija
Jeanita Forzán Dagger

ADIÓS AL ALMA

No importa que hayan degradado mis genes, menos aún que pretendan pagar mis desvelos con la borrascosa siembra de sombras. Por encima de ustedes yo seguiré cabalgando en la felicidad... 0414-288.9333.

111

por esto que te digo –había que hacerlo, había que decirlo–. *Estoy seguro, Clodo, que nunca fuiste feliz –creo que ahora ya lo eres–. Ya estás reunido con Leonardo y con Segundo, de quienes tanto me hablaste, ¿te acuerdas? Clodo: estoy feliz de haber sido tu amigo, orgulloso de haber sido tu hijo y de llevar tu nombre. Estoy seguro, Clodo, de que algún día volveremos a vernos en un sitio menos triste que la morgue. Hasta siempre, viejo querido.*

Tu hijo,
Clodomiro

***

En *El Nacional* del 15 de diciembre de 1985 apareció un curioso obituario no solo por su inesperado final sino porque, aparentemente, dada la redacción, quien lo publicó se estaba despidiendo de esta vida. Comenzaba con el título "Mi Adoración" y luego el texto que transcribo:

No me importa lo que he llorado, no me importa lo que he sufrido, solo sé que me he llevado el sentimiento de haber amado y decir siempre la palabra 'Te he adorado'. No todos se han llevado este sentimiento adorado, amado, añorado. Muchos lo han ansiado y pocos lo han logrado. Solo aprendieron querer y conjugarlo ambicionando lo material y se confundieron al decir amar, adorar y se perdieron en la sombra del umbral vacío y desolado. Me voy, sí, llorando, riendo, recordando, pero feliz, amor, de haberte adorado hasta lo más infinito de mi ser doliente. Pero feliz, amor de haberte amado y adorado, aunque tú me hayas olvidado y nunca me hayas amado, pero tampoco creas que me voy sin saber que me has engañado.

Natalia Stukanow

CLODO:

Quienes fueron tus amigos,
quienes fuimos tus hijos y
yo, que fui ambas cosas,
estamos seguras de que no merecías terminar así.
Fuiste viejo, peldaño útil,
valeroso y seguro para la escalada de otros.
Roble que diste sombra a muchos y
desengaños a ninguno.
Leal a toda prueba,
hombre por los cuatro costados,
padre y amigo.

A quienes te traicionaron,
a quienes te explotaron,
a quienes utilizaron tu nombre,
para obtener beneficios, prebendas o favores,
a quienes cuando tropezabas te ignoraban,
pero al erguirte acudían
presurosas a lamer tus pies,
no te pido que los perdones,
sólo compréndelos:
la maldad cuando es producto de
la carencia de valores,
propia del imbécil,
es comprensible.

Vieja:
no te disgustes por esto que digo
—había que hacerlo, había que decirlo—,
Estoy seguro Clodo, que nunca fuiste feliz
—creo que ahora ya lo eres—.
Yo estás reunido con Leonardo y
con Segundo, de quienes tanto me hablaste,
¿te acuerdas?
Clodo:
estoy feliz de haber sido tu amiga,
orgulloso de haber sido tu hijo
y de llevar tu nombre.
Estoy segura Clodo, de que algún día
volveremos a vernos en un sitio menos triste
que la Morgue.

Hasta siempre viejo querido,

Tu hijo, Clodomiro.

El Nac. Sep 1980.

Mi Adoración

No me importa lo que he llorado
No me importa lo que he sufrido
Sólo sé que me he llevado
el sentimiento de haber amado
y de decir siempre la palabra "Te he adorado"
No todos se han llevado este sentimiento adorado
amado, añorado.
Muchos lo han ansiado
y pocos lo han logrado
Sólo aprendieron querer y conjugarlo
ambicionando lo material
y se confundieron al decir amar, adorar
y se perdieron en la sombra
del umbral vacío y desolado
Me voy, sí,
llorando, riendo, recordando
pero feliz, amor, de haberte adorado
hasta lo más infinito de mi ser doliente
Pero feliz, feliz de haberte amado y adorado
aunque tú me hayas olvidado
y nunca me hayas amado
pero tampoco creas que me voy
sin saber que me has engañado

Natalia Stukanow

EL NACIONAL
15-12-85

Hay muertos a quienes los persigue el haber tenido una doble vida. Por ejemplo, el 9 de octubre de 1973 una señora publicó, con una cruz sobre su nombre, la siguiente esquela: "Maddalena Hayot (viuda de Pezzoni) participa a sus relaciones y amistades que el pasado 6 de los corrientes falleció en esta ciudad su legítimo esposo Nelson Pezzoni (Q.E.P.D.) y que al día siguiente del deceso, o sea, el domingo 7 de los corrientes, en forma abusiva apareció publicada en la página 2-29 del diario *El Universal* una invitación de entierro suscrita por una ciudadana llamada Rosario del Valle Tovar, quien se autodenomina como 'su viuda'. En esta oportunidad quiero hacer del conocimiento público y dejar constancia de que la única esposa legítima del fallecido Nelson Pezzoni soy yo, según lo acredita toda la documentación legal respectiva, y que cualquier persona que pretenda hacerse pasar por esposa y viuda del finado lo hace en forma ilegal, usurpando una condición que según la ley no le corresponde. Así mismo quiero dejar establecido que oportunamente ejerceré todas las acciones legales pertinentes contra aquella o aquellas personas que intenten sorprender, quien sabe con qué oscuros fines, a la opinión pública, atribuyéndose una cualidad y estatus que legalmente no les corresponde".

Si hay difuntos que llevaron una doble vida, imaginemos lo que ocurre con los que la llevaron por partida triple. Así ocurrió en Maracaibo, según tres obituarios publicados por el diario *Panorama* el 17 de septiembre de 1984. El ya fallecido protagonista de tan curiosa situación fue un profesor de nombre Fernán Fernández Robles. Uno de los obituarios era el siguiente: "Ha fallecido trágicamente el señor Fernán Fernández Robles (Q.E.P.D.). Su esposa Aura Correa de Fernández, sus hijos [aparecen seis nombres] (...), sus nietos, hijos políticos y demás familiares invitan al acto del sepelio que se efectuará hoy 17-9-1984. Cementerio Jardines de La Chinita. Nota: A partir de las 4 pm sus restos serán velados en la sede del Comité Ejecutivo Distrital de Acción Democrática, Av. Bella Vista".

El mismo día y en la misma página de *Panorama*, aparecieron

✝

MADDALENA HAYOT
(VIUDA DE PEZZONI)

PARTICIPA

a sus relaciones y amistades que el pasado 6 de los corrientes falleció en esta ciudad su legítimo esposo

Nelson Pezzoni
(Q.E.P.D.)

y que al día siguiente del deceso, o sea, el domingo 7 de los corrientes, en forma abusiva apareció publicada en la página 2-29 del diario "El Universal" de Caracas, una invitación de entierro suscrita por una ciudadana llamada Rosario del Valle Tovar, quien se autodenomina como "su viúda". En esta oportunidad quiero hacer del conocimiento público y dejar constancia de que la única esposa legítima del fallecido Nelson Pezzoni soy yo, según lo acredita toda la documentación legal respectiva; y que cualquier persona que pretenda hacerse pasar por esposa y viuda del finado, lo hace en forma ilegal, usurpando una condición que según la ley no le corresponde. Así mismo quiero dejar establecido que oportunamente ejerceré todas las acciones legales pertinentes contra aquella o aquellas personas que intenten sorprender, quien sabe con que oscuros fines, a la opinión pública, atribuyéndose una cualidad y Status que legalmente no les corresponde.

Caracas, 9 de octubre de 1973.

estos otros dos obituarios: "Ha muerto trágicamente el profesor Fernán Fernández Robles (Q.E.P.D.). Su compañera Rosa Medina Delgado", luego los nombres de nueve (9) hijos, hermanos, sobrinos, etc., y al final la invitación para el mismo cementerio Jardines de La Chinita y el mismo velatorio en la sede de AD.

El tercero de la serie: "Ha muerto trágicamente el profesor Fernán Fernández Robles (Q.E.P.D.). Su compañera Dalila Aurora Valera", sus hijos (seis en total), sobrinos, demás familiares, etc. El mismo cementerio para la inhumación del cadáver e idéntica sede de Acción Democrática para el velorio.

Al sumar la prole –al menos reconocida– del fallecido profesor Fernán Fernández Robles (Q.E.P.D.) con tres compañeras distintas, contamos quince hijos. Según la amiga que me envió el recorte para mi archivo, el verdadero accidente del difunto fue que se le agotó la libido. Por otra parte, el profesor Fernández Robles realizó una proeza al haber mantenido tres familias constituidas por una esposa, dos compañeras y quince hijos, con su salario de docente, lo que era posible, aunque con estrecheces, en la era democrática. En tiempos del socialismo chavista del siglo XXI, difícilmente habría podido mantenerse él mismo con la miserable paga que reciben los docentes de cualquier nivel en Venezuela.

**

En los obituarios, las personas que invitan o participan el deceso de algún familiar suelen identificarse como viudas o viudos, hijos, amigos, etcétera, salvo en el caso de la señora Blanca Rendón, fallecida en enero de 1983, a quienes sus deudos identificaron como "divorciada de Gamboa".

El amor por nuestro pasado aborigen y por personajes legendarios, lenguas foráneas o lugares exóticos, puede llegar a extremos que involucran a terceras personas en contra de su voluntad ya que por su cortísima edad no pueden defenderse. Tal suponemos

Ha muerto trágicamente el señor:

FERNAN FERNANDEZ ROBLES

(Q.E.P.D.)

Su esposa: Aura Correa de Fernández, sus hijos: Ninoska de García, Fernán, Edinson, Luis, Niok, Zulay, Alexander, Marien Fernández, Tania de Oroño, Thaís de Pedraja, Aura de Berrueta, sus hermanos: Ana Finol de Castro, Alberto Urdaneta, su suegra: Josefa de Correa, sus nietos, hijos políticos, demás familiares y amigos invitan al acto del sepelio que se efectuará hoy 17-09-84.
Hora: 4 p.m.
Dirección: Capillas Velatorias Juan XXIII Salón Rojo
Cementerio: Jardines de la Chinita
Nota: A partir de la 1 p.m. sus restos serán velados en la Sede del Comité Ejecutivo Distrital de Acción Democrática, Av. Bella Vista.

HA MUERTO TRAGICAMENTE EL PROFESOR:

FERNAN FERNANDEZ ROBLES

(Q.E.P.D.)

Su compañera: Rosa Medina Delgado, sus hijos: Mireya, Elio, Magaly, Tito, Rómulo, Freddy, Aníbal, José Ángel, Rosa Elena Fernández Medina, sus nietos: Sánchez Montiel, Fernández Mata, Fernández Fernández, Fernández Acosta, Medina Bermúdez, Medina Gamboa, Montiel Gamboa, cuñados, sobrinos, primos, demás familiares y amigos invitan al acto del sepelio que se efectuará hoy lunes 17-9-84. Hora: 4.00 p.m.
DIRECCION: Cementerio Jardines La Chinita.
NOTA: Se le rendirán honores en al sede del C.E.D., Av. Bella Vista, a partir de la 1 p.m.

Ha muerto trágicamente el Profesor:

FERNAN FERNANDEZ ROBLES

(Q.E.P.D.)

Su compañera: Dalila Aurora Valera, sus hijos: Ninoska de García, Fátima, Fernán Javier, Francis, Ferdalys, Israel Fernán Fernández Valera, Personal G.E. Menca de Leoni, Ana Finol de Castro y Flia., Flia. Valera, Flia. Cárdenas V., Personal de la Prefectura de San Francisco, Flia. Fernández Amaya, Flia. Rubio Rubio, Flia. Rincón, Flia. Lugo, vecinos Calle 80 La Rotaria, Partido de Acción Democrática, demás familiares y amigos invitan al acto del sepelio que se efectuará hoy 17-09-84.
Hora: 4 p.m.
Dirección: Capilla Velatoria Juan XXIII, Salón Rojo.
Cementerio: Jardines de la Chinita
Nota: Se le rendirán honores en la sede del C.E.D., Av. Bella Vista, a partir de la 1 p.m.

AGRADECIMIENTO

Con motivo del fallecimiento de

BLANCA RENDON
(DIVORCIADA DE GAMBOA)

(Q.E.P.D.)

Sus hijos: Ludmila, Perla, Julio; su hija política: María; su nieto: Julio Simón; sus hermanos: Esther, Delia, Efraín, Saúl, Emilio César; sus hermanos políticos: Estrella, Luisa, Chúa, Tollo; su prima: Herminia, demás familiares y amigos, expresamos nuestro más sincero agradecimiento a todas aquellas personas que nos acompañaron en tan triste momento.

Caracas, 9 de enero de 1983

fue el caso de los descendientes del señor Juan Planas Alsina, fallecido en junio de 1993 en Maracaibo, estado Zulia, justamente la región venezolana que suele caracterizarse por la extravagancia de sus patronímicos. El obituario publicado en el diario *La Columna* de Maracaibo, en la fecha ya señalada, y aquí copiado, da cuenta de los nombres que el difunto, seguramente con la anuencia de la madre, eligió para sus hijos. Además de los bastante comunes de Ernesta e Irma: Quisqueya, Guaicaipuro, Amenhotep, Hatuey, Anacaona, Caonabo, Sayonara, Miwá, y Guai-guá.

***

Uno suele descubrir la ideología o las simpatías políticas de los padres al bautizar a sus hijos con nombres como Stalin, Lenin, Hochimin, Mao, Washington, Roosevelt, Vladimir Ilych, Krúpskaya, Rómulo o Carlos Andrés. El colmo fue el de un médico venezolano cuyo padre lo bautizó Hitler y nunca hizo el menor intento por cambiarse ese ominoso nombre. Así nació y murió: como Hitler. No conservé su obituario, pero sí el de un coronel de la aviación nazi, llamadoHans Ulrich Rudel, quien según lo publicado en *El Universal* de Caracas, el 28-12-1982, falleció en Rosenheim. Alemania. La nota necrológica del citado coronel rezaba: "(...) el último comandante de la Escuadra 'Immelmann', único portador de la Hoja de Roble de Oro con Espadas y Brillantes a la Cruz de Caballero. Los veteranos de guerra residentes en el país [Venezuela] nos inclinamos ante los restos mortales del más grande soldado de nuestro siglo, héroe del ejército alemán, rogando al Todopoderoso paz eterna a su noble alma".

La inevitable pregunta: ¿cuántos veteranos de guerra nazis había para esa época –1982– en Venezuela?

***

"Yo soy la resurrección y la vida, quien cree en mí, aunque haya muerto vivirá eternamente"

Confrontado con los Santos Sacramentos ha muerto en la paz del Señor, el señor:

JUAN PLANAS ALSINA

(Q.E.P.D.)

Sus hijos: Ernesta, Irma, Quisqueya, Guaicaipuro, Amenhotep, Hatuey, Anacaona, Caonabo, Sayonara, Miwá y Guai-guá; sus nietos, sus hijos de crianza, hijos políticos, compañeros de trabajo y amigos, invitan para el

---

Ha fallecido en Rosenheim (Alemania), el coronel de Aviación

Hans Ulrich Rudel

el último comandante de la Escuadra "Immelmann", único portador de la Hoja de Roble en Oro con Espadas y Brillantes a la Cruz de Caballero.

Los veteranos de guerra, residentes en el país, nos inclinamos ante los restos mortales del más grande soldado de nuestro siglo, héroe del ejército alemán, rogando al Todopoderoso, paz eterna para su noble alma.

Caracas, 28 de diciembre de 1982 — EL UNIVERSAL 28-12-82

La viñeta de *El Nacional* de Caracas, el 31 de julio de 1974, fue la fotografía de una lápida en Barquisimeto, estado Lara. El difunto pasó a mejor vida (eso se cree) en diciembre de 1972 y la inscripción que sus deudos eligieron para la loza mortuoria fue la que aparece en una muy borrosa foto que, por consiguiente, transcribo: "Aquí está Argimiro Jiménez, que nació adeco, vivió adeco y murió adeco en Barquisimeto el 22 de diciembre de 1973. Recuerdo de su esposa CMP e hijos".

Nota de la autora: Para quienes leyeran este libro y no estuviesen familiarizados con la terminología política venezolana, adeco(a) es alguien que milita en el partido Acción Democrática.

* * *

Siempre hubo bromistas que utilizaron la sección de obituarios de la prensa venezolana para hacer mofa de personas o de colectivos, como por ejemplo equipos de béisbol. El 10 de enero de 1978 el vespertino *El Mundo*, de Caracas, publicó el siguiente obituario anunciando la "muerte" del equipo Magallanes BBC en su 50º aniversario, seguramente pagado por fanáticos de los Leones del Caracas, los eternos rivales.

Y el 17 de septiembre de 1991, en el diario *Últimas Noticias*, los adversarios políticos del dirigente del partido socialcristiano Copei, en Caracas, Elías López La Torre, decidieron someterlo al escarnio público mediante el siguiente obituario. No requiere de mayores explicaciones.

Suele ocurrir que, a personas muy conocidas, especialmente artistas populares, las noticias que corren por las redes sociales las den por muertas cuando aún respiran a todo pulmón. Tal cosa le ocurrió, sin ser alguien tocado por la fama, a una señora de nombre María G. Materano, lo que condujo a sus familiares a publicar un extenso desmentido en *El Nacional* de Caracas el 18 de junio de 1983.

✝

Ha fallecido Trágicamente en celebración de sus 50
Aniversario

El Magallanes

B.B.C.

(Q.E.P.D.)

Sus hijos:
Víctor, Hilario, Olguita, Carmencita, Isabel, Pulido, Nelson, Mallorga, Gemma, Rengifo, Teófilo, Daniel, Rosa, Salinas, Joe Cannon, Mitchel Page, Mike Adams, Félix Rodríguez, Dave Parker y demás familiares y amigos invitan para el acto del sepelio que se efectuará en el Cementerio General de Valencia, mañana a las 4 p.m.

Se ruega no enviar flores

(Habrá Panelitas de San Joaquín)

PAZ A SUS RESTOS

"Magallanes BBC": RIP

Últimas Noticias 17/9/91

HA FALLECIDO POLITICAMENTE

Como resultado de una aplastante y penosa enfermedad en las articulaciones

ELIAS LOPEZ LA TORRE

(De Pie)

Sus conocimientos de francés, inglés, leyes, finanzas públicas y deuda interna, no lograron amainar la parálisis que lo aquejaba, por lo que finalmente sucumbió ante la realidad de un mal incurable que ni su pequeño grupo de especialistas logró superar.

Hoy, sus acreedores, lo único suyo que le queda, invitan al acto del sepelio, en hoyo vertical, que se efectuará en el Cementerio del Colegio Arbor, saliendo el cortejo de la Sala 11 de Parque Central.

Que de pie descanse
Q.D.P.D.

ACLARATORIA

Se notifica a los familiares, amigos y relacionados de la señora MARIA G. MATERANO ANDRADE, que por una información mal suministrada sobre dicha señora, apareció en una nota de condolencia de este diario, dándose por muerta. Siendo el hecho totalmente falso y gozando de perfecta salud en el Municipio Burbusay, Estado Trujillo. Es oportuno hacer la aclaratoria para los fines pertinentes del caso.

Caracas, 18 de Junio de 1983.

El Nacional

El amor por las mascotas es respetable y mucho lo es el dolor por su muerte. Pero la cosa puede llegar a extremos digamos que exagerados, por no decir patológicos, cuando ese pesar se hace público en la prensa de circulación nacional. Tal ocurrió con dos obituarios publicados por alguien que no firmó con su nombre, para manifestar su pena por la desaparición física de su perrita Chiqui Medina Maldonado. En ambas publicaciones, una de *El Nacional* y otra de *El Universal* de Caracas, aparecen fotos diferentes de Chiqui y casi el mismo texto, uno de los cuales transcribo:

"Chiqui Medina Maldonado. Nació en Valencia, España, el 10 de febrero de 1991, se fue al cielo el 1º de noviembre de 2005. Mi reina bella, aquí estás en tu silla haciendo tu siesta, cómo extraño verte y sentirte cada día, sin embargo sé que siempre estaremos unidas hasta la eternidad. Ahora estás junto a tu jagüelita Consuelo y tu mamita perruna. Recuerdo de tu mami Mafa, de tu papi Frastly y tus tías Tismy, Mora y Feliza. 'Madre je jija [sic] siempre fustas [sic] hasta la eternidad'".

Lo incomprensible de tan sentidas expresiones de duelo es que la perrita Chiqui Medina Maldonado falleció el 1º de noviembre de 2005, pero los obituarios con las ya mencionadas fotos fueron publicados en *El Nacional* el 11 de noviembre de 2007 y en *El Universal* el 1º de noviembre de 2009.

***

Aunque un toro de raza no es precisamente una mascota, su muerte afecta, por lo general, la economía del propietario. También puede llegar a causar pesar porque es inevitable tomarles cariño a los animales con los que se comparten momentos de la vida. La muerte de Voro superó esos parámetros. En *El Nacional* del 22 de noviembre de 1990 apareció, sin mucho dispendio para quien ordenara su publicación, el siguiente anuncio: "Ha muerto Voro, toro de raza Marchigiana, nacido el 21-08-1979 en Montefano,

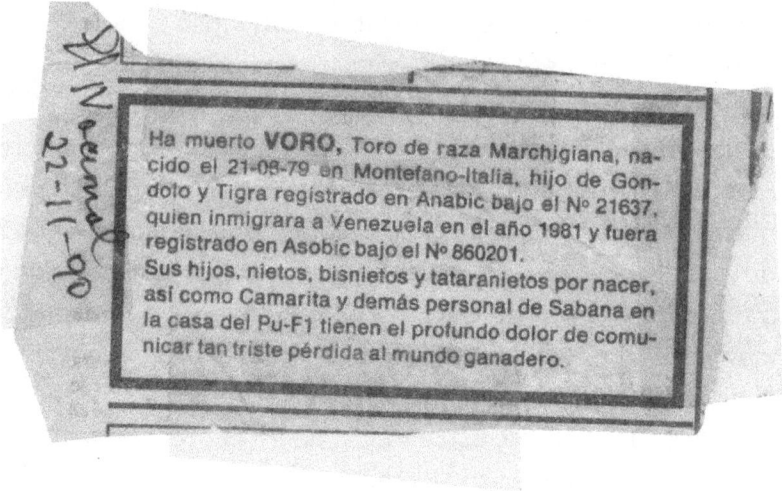

Ha muerto **VORO**, Toro de raza Marchigiana, nacido el 21-05-79 en Montefano-Italia, hijo de Gondolo y Tigra registrado en Anabic bajo el Nº 21637, quien inmigrara a Venezuela en el año 1981 y fuera registrado en Asobic bajo el Nº 860201.
Sus hijos, nietos, bisnietos y tataranietos por nacer, así como Camarita y demás personal de Sabana en la casa del Pu-F1 tienen el profundo dolor de comunicar tan triste pérdida al mundo ganadero.

Italia, hijo de Gondolo y Tigra, registrado en Asobic bajo el Nº 860201. Sus hijos, nietos, bisnietos y tataranietos por nacer, así como Camarita y demás personal de Sabana en la casa del Pueblo, tienen el profundo dolor de comunicar tan triste pérdida al mundo ganadero".

Capítulo VI
Amor y despecho

No puedo recordar cómo llegó a mi archivo esta cursi tarjeta declarativa de un amor realmente apasionado y hasta macabro. Quien redactó el texto no conocía límites para su amor desenfrenado por alguien a quien no menciona y, para colmo, tampoco firma esa declaración. Todo es muy misterioso: alguien que no se identifica le declara su amor a alguien desconocido, no paga por la impresión de sus efusiones ya que se trata de un obsequio de la Tipografía Morón. Solo queda para satisfacer la curiosidad de quienes se topan con esa tarjeta, con formato de antiguo pergamino, un lugar y una fecha: Caracas, 24 de febrero de 1983. Transcribo el texto para facilitar su lectura:

"Mi amor y ternura

"Te amo hasta la profundidad y la extensión y la altura que puede alcanzar mi alma, cuando busca a ciegas los del Ser y de la Gracia Ideal.

"Te amo hasta el nivel más quieto, de la necesidad cotidiana, a la luz del sol y el candelabro.

"Te amo con la libertad con que se opone el hombre a la injusticia y con la pureza de quien desdeña los elogios.

"Te amo con pasión exagerada por mis viejas penas y con la fe inocente de mi infancia.

"Te amo con el amor que pareció perderse cuando perdí mis santos... Te amo con el aliento, sonrisas y lágrimas, de mi vida entera, y si Dios lo quisiera, te amaré aún mejor después de muerta".

***

¿Cuántas "damas" se habrán beneficiado de este mago para resolver problemas fisiológicos y emocionales de distinta índole? En *El Universal* de Caracas, del día 20 de marzo de 1983, fue publicado un aviso publicitario con el atractivo título "¡Solo para damas!". El texto no podía ser menos interesante: "¿Crisis nerviosa? ¿Barrera emocional? ¿Desorientada? ¿Desplazada? ¿Solterona? ¿Divorciada? ¿Frigidez? ¿Viuda? ¿Alcoholismo? ¿Tabaquismo? Entonces... póngase a valer y triunfe. Curso autosuperación mental femenino (individual). Profesor Logo, Dr. Parapsicólogo, Príncipe Rosacruz (REA). Avenida Principal Las Clavellinas, Guarenas, Miranda, de 8 am a 12 m. Lunes, marzo 7, 14 y 21. Teléfono: (036) 21839, Absoluta reserva. Cupo limitado".

Si los padecimientos femeninos eran el punto focal del Profesor Logo, Dr. Parapsicólogo, hubo para ese mismo año 1983, según anuncio publicado en *El Diario de Caracas* el 10 de septiembre, un especialista en resolver las dificultades masculinas para relacionarse con el sexo opuesto. Con AMOR como título en mayúsculas y negritas, venía una pregunta: "¿Cómo le va en sus relaciones con las damas? GRATIS. Conferencia Introductoria. Relaciones Humanas aplicadas al Amor. Habilidades sociales y conversacionales, naturaleza femenina, persuasión, mecanismos del amor, diferenciación, lenguaje gestual, estrategias especiales, etc. Fondo de Estudios Humanos S.C. Cambiará su vida".

También en *El Diario de Caracas*, pero el 22 de julio de1983, una noticia con el antetítulo "¡Mamma mia!" y el título "A un grupo de venezolanas le atraen los italianos" daba cuenta de una comunicación que doscientas mujeres venezolanas enviaron al alcalde de Padua, Settimo Gottardo, para que "les organice interesantes itinerarios culturales y agradables fiestas con ciudadanos sin vínculos sentimentales", dijo el diario de Milán *Il Giorno*. Las 200 firmantes explicaron al alcalde de Padua que "no se fijaron

límites de edad para participar en el viaje y que todas las participantes son personas interesantes, de buena cultura y educación".

"Muchas de nosotras –explica la carta– somos profesionales y pertenecemos a las mejores familias de Venezuela". En cuanto a "relaciones sociales", las firmantes dicen tener la intención de entablar contactos recíprocos invitando a Venezuela a grupos de hombres solos en condiciones muy ventajosas.

El alcalde, que era soltero, hizo verificar la autenticidad de la carta y dispuso luego que "la delegación venezolana sea recibida con todos los honores y con mucho afecto".

***

El 11 de mayo de 1984 pudimos leer un remitido de un cuarto de página, en *El Nacional* de Caracas, con el llamativo título en mayúsculas y negritas: **"DEDICO ESTE ARTÍCULO A LAS ESPOSAS QUE FUIMOS VÍCTIMAS DEL MACHISMO Y NO QUERIDAS POR LAS SUEGRAS".**

La esposa víctima que tuvo el valor de identificarse con nombre y número de cédula de identidad narra el drama de muchas esposas, no solo en las relaciones conyugales sino también por ojeriza y malmeter de las suegras. Pero en este caso concreto el asunto llega a la casi certeza de que hay un mal mayor sufrido por la signataria del remitido y que se debe a un acto de brujería o "daño" infligido por la suegra:

***

Hace algunos años estuvo de moda una balada del cantante mexicano José José, con el título "40 y 20", en la que el bolerista defendía la legitimidad del amor entre un hombre veinte años mayor

Viernes 22 de julio de 1983

¡Mamma Mía!

A un grupo de venezolanas le atraen los italianos

Doscientas mujeres venezolanas escribieron al alcalde de Padua, Settimo Gottardo para que les organice interesantes itinerarios culturales y agradables fiestas con "ciudadanos sin vínculos sentimentales", dijo el diario de Milán **Il Giorno**.

Las 200 firmantes explicaron al alcalde de Padua que "no se fijaron límites de edad para participar en el viaje" y que "todas las participantes son personas interesantes, de buena cultura y educación".

"Muchas de nosotras, explica la carta, somos profesionales y pertenecemos a las mejores familias de Venezuela". En cuanto a "relaciones sociales", las firmantes dicen tener la intención de "entablar contactos recíprocos invitando a Venezuela grupos de hombres solos, a condiciones muy ventajosas".

El alcalde que es soltero, hizo controlar la autenticidad de la carta. Dispuso luego que "la delegación venezolana sea recibida con todos los honores y con mucho afecto".

(Ansa).

que la causante de sus desvelos. Pero ninguna argumentación musical para justificar que el amor no conoce edades fue mejor y más célebre que "Caballo viejo", del insigne cantautor venezolano Simón Díaz. Ha sido interpretada por los cantantes más famosos alrededor del mundo, corales, orquestas y en distintos idiomas.

Admitamos que veinte años de diferencia no son un escollo insalvable para dos personas que se aman, probablemente treinta tampoco lo sean, pero ¿setenta? Léase bien: ¡¡70!! Eran los años que separaban al enamorado profesor Rodolfo Loero Arismendi, con 88 cumplidos, de su amada Marilén, de 18, a la que escribió los versos que publicó el 23 de diciembre de 1986 en *El Universal* de Caracas. Los mismos fueron adornados –no faltaba más– con una fotografía en la que el osado profesor, quien aclara que a sus 88 años es aún joven, aparece tocado con una boina, el pecho cruzado por la banda de alguna condecoración y, a su lado muy juntitos los dos, la rubia señorita Marilén Sabath.

Los versos a Marilén: "Puso el oro su luz en tus cabellos, el berilo su color en tus pupilas, el marfil en tus carnes su blancura y en tus labios la fresa el tinte puro. En tu cuerpo de virgen se adivinan, curvas de aquella célebre escultura, símbolo de la gracia y hermosura, que dio al arte el buril de Praxíteles. Y porque nada falte en el conjunto, mágico y seductor de tus encantos, el mismo Dios al modelarte hermosa, sacrificó el valor del firmamento y confundiendo en una mil estrellas, un sol por alma te encendió en el pecho".

Señorita Marilen Sabath, de 18 años y el Prof. Rodolfo Loero Arismendi, de 88 años, pero aún joven. El profesor Loero escribió a Marilen los versos que siguen a continuación:

Marilen:

Puso el oro su luz en tus cabellos,
el berilo su color en tus pupilas,
el marfil en tus carnes su blancura
y en tus labios la fresa el tinte puro.

En tu cuerpo de virgen se adivinan,
curvas de aquella célebre escultura,
símbolo de la gracia y hermosura,
que dio al arte el buril de Praxiteles.

Y porque nada falte en el conjunto,
mágico y seductor de tus encantos,
el mismo Dios, al modelarte hermosa,
sacrificó el valor del firmamento y
confundiendo en una, mil estrellas,
un sol por alma te encendió en el pecho.

Rodolfo Loero Arismendi

Caracas, 23 de Diciembre de 1986.

131

Una demanda sui géneris

En *El Universal* del 11 de junio de 1990 fue publicada una noticia realmente curiosa proveniente de la Agencia EFE. El titular ya anunciaba lo singular del texto: "Demanda pago de siniestro por embarazar a su novia". En el sumario: "Un italiano presentó en Nápoles una denuncia de siniestro y exige una indemnización por haber embarazado a su novia como consecuencia de la embestida de un automóvil contra el suyo, en momentos de intimidad con su prometida".

El texto: "Un napolitano ha presentado ante su compañía de seguros una denuncia por siniestro y pide una indemnización por haber embarazado a su novia a causa de la embestida de un automóvil cuando hacía el amor con su prometida. El hombre pide además que le sean tutelados todos sus derechos ya que el accidente lo obligará a un matrimonio inmediato, para reparar la ofensa".

"El hecho, según ha contado un agente de la Compañía de Seguros Cidas, se produjo el pasado 10 de marzo y tuvo como marco el Parque Rimmembranze, conocido lugar donde los enamorados napolitanos buscan la intimidad, denominado también como Parque del Amor. El denunciante, cuyo nombre no ha sido revelado por la compañía de seguros, se hallaba dentro del automóvil junto con su novia, con la que estaba realizando 'nuestras cosas', según ha contado en la carta enviada a Cidas. 'Mientras estábamos haciendo nuestras cosas íntimas, fuimos embestidos por un automóvil y mi novia se ha quedado embarazada. Por tanto, debéis pagarme los daños causados al turismo, así como los provocados a mi prometida, ya que ahora debemos casarnos por la vía rápida', prosigue el hombre en su carta, que la envió, según dice, por cautela, ya que el conductor que provocó el accidente se niega a aceptar que tuviera la culpa de lo sucedido.

"Giovanna Arturo, agente de la compañía de seguros, ha afirmado que la historia es auténtica y que no cree que su empre-

Ante empresa de seguros

Demanda pago de siniestro por embarazar a su novia

Un italiano presentó en Nápoles una denuncia de siniestro y exige una indemnización por haber embarazado a su novia, como consecuencia de la embestida de un automóvil contra el suyo, en momentos de intimidad con su prometida

NAPOLES, (Italia), junio 10 (EFE) – Un napolitano ha presentado ante su compañía de seguros una denuncia por siniestro y pide una indemnización por haber embarazado a su novia a causa de la embestida de un automóvil contra el suyo, cuando hacía el amor con su prometida.

El hombre pide, además, que sean tutelados todos sus derechos, ya que el accidente le obligará a un matrimonio inmediato, para reparar la ofensa.

El hecho, según ha contado un agente de la compañía de seguros Cidas, se produjo el

sas íntimas fuimos embestidos por otro automóvil y mi novia se ha quedado embarazada. Por tanto debéis pagarme los daños causados al turismo, así como los provocados a mi prometida, ya que ahora debemos casarnos por la vía rápida, prosigue el hombre en su carta, que envió según dice, por cautela, ya que el conductor que provocó el accidente se niega a aceptar que tuviera la culpa de lo sucedido.

Giovanna Arturo, agente de la compañía de seguros, ha afirmado que la historia es

sa pueda satisfacer realmente las demandas del hombre, entre otras cosas porque los técnicos deben comprobar los daños con fotografías. Los golpes del automóvil se pueden retratar, pero ¿el embarazo?, ha puntualizado. Arturo asegura que este hombre ignora que las actuales pólizas de seguros no contemplan entre los infortunios el riesgo de quedarse embarazada por un choque de automóviles".

El despecho como tema asambleístico

El Nacional del 2 de noviembre de 1990 informó ampliamente sobre un "Encuentro de Despechados" en la ciudad colombiana de Pereira. El sumario de la información, que aparece ilustrada con un lloroso borracho abrazado a una rocola, reza: "Desde hoy, en Pereira, Colombia, se reunirán alrededor de una copa y una canción quienes no soportan el peso de un abandono o la indiferencia del ser amado". Sigue el texto:

"Los colombianos que sufren penas de amor comenzaron este

133

jueves a acudir a Pereira, ciudad cafetera del oeste del país, para compartir sus tristezas en el Primer Encuentro de Despechados, que comenzará este viernes. Las calles, bares y cantinas de Pereira eran desde ya el centro de este primer encuentro, reunión que intenta reunir alrededor de una copa y una canción a quienes no soportan el peso de un abandono o la indiferencia del ser amado. Un monumento, el *Bolívar desnudo*, del maestro colombiano Rodrigo Arenas Betancur, será mudo testigo del certamen, que se abrirá con la lectura de un bando de las organizaciones sobre la creación del Día del Despechado y la proclamación de Pereira como la capital universal del despecho.

"Tras el bando, el alcalde pereirano, César Castillo, declarará oficialmente inaugurado el evento, que se prolongará hasta el próximo domingo y que tiene ya agotadas las instalaciones de esta capital de la provincia de Risaralda, habitada por unas 390 mil personas. El gobernador provincial, Ernesto Zuluaga, legalizará el despacho cuando entreguen a los organizadores los estatutos. 'El Estado no puede ser ajeno al despecho humano', argumentará el funcionario.

"Alberto Pérez, uno de los organizadores del encuentro, dijo a AFP que el mismo servirá para unir a la gente. Al ser humano le gusta que lo escuchen, que le reconozcan su pena, insistió Pérez, quien ideó la cita junto con los periodistas colombianos Alfonso Victoria y Gabriel Lema. Los tres tienen su base en uno de los mejores hoteles de Pereira, desde donde coordinan las actividades logísticas como distribución del material literario (poesías y canciones) con que se identificará la reunión.

"Los tres, que no ocultan que son víctimas del desamor, tendrán la responsabilidad de acercar a aquellas personas (hombres y mujeres sin límite de edad, raza y religión) que están solas, sin olvidar a aquellos que en las esquinas cálidas de Pereira derraman lágrimas mientras transpiran licor. Pérez, un inquieto comunicador de asuntos económicos, admite olímpicamente que sufre por

Encuentro de Despechados

Desde hoy, en Pereira, Colombia, se reunirán alrededor de una copa y una canción quienes soportan el peso de un abandono o la indiferencia del ser amado

PEREIRA, COLOMBIA, 1 (AFP) — Los colombianos que sufren penas de amor comenzaron este jueves a acudir a Pereira, ciudad cafetera del oeste del país, para compartir sus tristezas en el Primer Encuentro de Despechados, que comenzará este viernes.

Las calles, bares y cantinas de Pereira eran desde ya el centro de este Primer Encuentro, reunión que intenta unir alrededor de una copa y una canción a quienes soportan el peso de un abandono o la indiferencia del ser amado.

Un monumento, el Bolívar Desnudo del maestro colombiano Rodrigo Arenas Betancur, será mudo testigo del certamen, que se abrirá con la lectura de un bando de las organizaciones sobre la creación del Día del Despechado y la proclamación de Pereira como la capital universal del despecho.

Tras el bando, el alcalde pereirano, César Castillo, declarará oficialmente inaugurado el evento, que se prolongará hasta el próximo domingo y que tiene ya agotadas las instalaciones hoteleras de esta capital de la provincia de Risaralda, habitada por unas 390 mil personas.

El gobernador provincial, Ernesto Zuluaga, legalizará el despacho cuando entregue a los organizadores los estatutos. "El Estado no puede ser ajeno al despecho humano", argumentará el funcionario.

Alberto Pérez, uno de los "inventores" del Encuentro dijo a AFP que el mismo servirá "para unir a la gente". "Al ser humano le gusta que lo escuchen, que le reconozcan su pena", insistió Pérez, quien ideó la cita junto con los periodistas colombianos Alfonso Victoria y Gabriel Lema, que abogan por el fortalecimiento de los espíritus sedientos de ternura.

Victoria, Lema y Pérez, tienen su base en uno de los mejores hoteles de Pereira, desde donde coordinarán las actividades logísticas que la naturaleza del evento impone, como la distribución de todo el material literario (poesías y canciones) con que se identificará la reunión.

Los tres, que no ocultan que son víctimas del desamor, tendrán la responsabilidad de acercar a aquellas personas (hombres y mujeres, sin límite de edad, raza y religión) que están solas, sin olvidar a aquellos que en las esquinas cálidas de Pereira derraman lágrimas mientras transpiran licor.

Pérez, un inquieto comunicador de asuntos económicos, admite olímpicamente que sufre por la pérdida de un reciente amor. Sin embargo piensa que para la reconquista "no son necesarias las bebidas alcohólicas, ni llorar a los pies de la amada: un ramo de rosas y una caja de chocolatines, para ella o para uno mismo, son un buen remedio", dijo muy convencido.

"Esperamos que el domingo próximo, cuando se clausure el Encuentro, las cartas de navegación que entregaremos, sirvan para que los despechados puedan sobrevivir al naufragio del desamor", recalcó.

"Pretendemos crear una especie de manual de estilo para manejar los amores contrariados", dijo. "No hay nada más triste que una cama vacía y una boca amada que no se puede besar", agregó.

Los organizadores recordaron, además, que el des-

HERAU

pecho no tiene edad. "Existe el desamor desde y para cualquier edad", insistió Pérez, subrayando que "el que más lágrimas provoca en el mundo se sitúa entre los 15 y los 25 años, cuando el ímpetu está arriba".

El Encuentro se clausurará el domingo, día en que entregará, a quien sea proclamado "Campeón de los Despechados", una estatuilla elaborada por el escultor Arenas Betancur.

la pérdida de un reciente amor. Sin embargo, piensa que para la reconquista 'no son necesarias las bebidas alcohólicas ni llorar a los pies de la amada: un ramo de rosas y una caja de chocolatines, para ella o para uno mismo, son un buen remedio'.

"'Esperamos que el domingo próximo, cuando se clausure el encuentro, las cartas de navegación que entreguemos sirvan para que los despechados puedan sobrevivir al naufragio del desamor', recalcó. 'Pretendemos crear una especie de manual de estilo para manejar los amores contrariados', dijo. 'No hay nada más triste que una cama vacía y una boca amada que no se puede besar', agregó. Los organizadores recordaron, además, que el despecho no tiene edad. 'Existe el desamor desde y para cualquier edad', insistió Pérez, subrayando que 'el que más lágrimas provoca en el mundo es el que se sufre entre los 15 y los 25 años, cuando el ímpetu está arriba'. El encuentro se clausurará el domingo, día en que se entregará, a quien sea proclamado campeón de los despechados, una estatuilla elaborada por el escultor Arenas Betancur".

El Universal del 4 de noviembre de 1990 publicó una noticia con el título "Lloremos de vez en cuando por amor", ilustrada con una fotografía del ex presidente colombiano Belisario Betancur. El sumario: "El original congreso de los despechados despierta tanto interés que los organizadores recibieron un mensaje del expresidente Belisario Betancur, quien luego de aseverar que si bien en los países avanzados se dice que nosotros no progresamos porque nuestros problemas los volvemos canciones, dijo que eso no es cierto y a la hora de la verdad sigamos adelante con este hermoso modo de ser y lloremos de vez en cuando". La información continúa con declaraciones y acuerdos del encuentro de despechados.

Los cornudos también se reúnen

En fecha que no puedo precisar, pero que corresponde al año 1991, la revista semanal *Feriado*, del diario *El Nacional* de Caracas, publicó una página con el título "Los cornudos se reúnen" y el sumario "400 hombres atormentados por los celos y habladurías de sus vecinos acaban de ponerle categoría científica a esta vieja dolencia de la autoestima del macho, de la cual no escapa ningún hombre casado".

El texto: "Jacques Bardin se abre paso entre la multitud, sube al estrado con la resignación de quien va directamente al cadalso, y haciendo gala de su recia voz entre académica y varonil, proclama: 'Yo también soy un cornudo y eso me hace feliz', provocando una reacción casi demencial entre los oyentes en la que sobresalen los vivas y hurras de esa vieja tradición que se niega a morir. El Primer Encuentro de Cornudos de la Comunidad Europea se celebró hace unos días en un pueblito extraviado del sur de Bélgica, y prácticamente ningún hombre atado al yugo matrimonial lo ha sabido. Lógico, ellos siempre son los últimos en enterarse. Ocupados como están en sus negocios, las rebajas del mes o las farras con los amigos, casi nunca poseen el tiempo justo para examinar su condición, y no saben si en verdad su mujer planifica alguna escapadita amorosa en sus propias narices".

"Por suerte este congreso de cornudos al que asistió gente seria –médicos, políticos, empresarios, poetas y psicoanalistas– concluyó con que ser engañado es casi un título honorífico. Una bendición. 'El asunto no es si somos engañados o no, sino saber soportar con estoicismo, sobriedad y hasta con orgullo lo que hasta ayer ha sido considerado como un odioso estigma', refirió Bardin en su discurso, estremeciendo la sala al conjeturar que 'seguramente, mientras estamos reunidos aquí, muchas de nuestras mujeres están haciendo de las suyas'. ¡Esto es el colmo de un convencido!

"La señora salió a las seis

"De nada vale para un hombre quedarse con la única llave o ponerle grilletes a su mujer, de todas formas la señora de la casa le echará ojo al vecino mientras su marido corretea tras la nueva secretaria. Porque el matrimonio, según la expresión popular, no es otra cosa más que gustar del plato ajeno cuando ya hemos elegido nuestro propio menú. Peor aún, George Bernard Shaw decía que 'toda mujer acude al matrimonio cuando se aburre de ser fiel', mientras que un personaje shakesperiano elogiaba a la adúltera que 'en medio de su batalla personal escoge la vieja espada con la que desea perecer'.

"Se trata pues de un muy especial punto de vista que los 400 cornudos, reunidos en Bélgica, definieron con exquisita moderación. No hubo lamentos ni ofensas al prójimo ni desestima a su condición de macho herido. Al contrario, Jacques Bardin rebatió, desde una perspectiva psicoanalítica, toda esa 'amalgama ideológica' que rodea al hombre engañado. Psiquiatra, académico en París, atado a la actriz de cine Anne Derviraux, Bardin hizo palidecer a los delegados narrando las infidelidades de su *petite femme*. Como consuelo ofreció una histórica lista de cornudos, pasando por los clásicos –César, Luis XVI, Napoleón, Washington, Víctor Hugo, Poe, Miguel Ángel, Pasteur, Molière, Freud, Marx– hasta llegar a gente actual como Mitterrand, Reagan, Castro, Menem, Kruschev, el fallecido Ceausescu, el pobre marido de la Thatcher y otro más célebre aún: el multimillonario Donald Trump.

"Luego, al intercambiar experiencias, desideologizar su mal vista condición y aliviar las penas ocultas, los participantes del congreso redactaron un tratado de la infidelidad, brindaron... y se fueron apresurados cada quien a buscar a su mujer en casa de su mejor amigo".

1991

Jacques Bardin se abre paso entre la multitud, sube al estrado con la resignación de quien va directamente al cadalso, y haciendo gala de su recia voz, entre académica y varonil, proclama: «Yo también soy un cornudo... y eso me hace feliz», provocando una reacción casi demencial entre los oyentes, en la que sobresalen los vivas y hurras de esa vieja tradición que se niega a morir.

El primer encuentro de cornudos de la comunidad europea se celebró hace unos días en un pueblito extraviado al sur de Bélgica y prácticamente ningún hombre atado al yugo matrimonial lo ha sabido. Lógico, ellos siempre son los últimos en enterarse.

Ocupados como están en sus negocios, las rebajas del mes o las farras con los amigos, casi nunca poseen el tiempo justo para examinar su condición, y no saben si en verdad su mujer planifica alguna escapadita amorosa en sus propias narices.

Por suerte, este congreso de cornudos, al que asistió gente seria —medicos, políticos, empresarios, poetas y psicoanalistas— concluyó con que ser engañado es casi un título honorífico. Una bendición.

«El asunto no es si somos engañados o no, sino en saber soportar con estoicismo, sobriedad y hasta con orgullo, lo que hasta ayer ha sido considerado un odioso estigma», refirió Bardín en su discurso, estremeciendo la sala al conjeturar que, «seguramente, mientras estamos reunidos aquí, muchas de nuestras mujeres estarán haciendo de las suyas. ¡Esto es el colmo de un convencido!

La señora salió a la seis

De nada vale para un hombre quedarse con la única llave o ponerle grilletes a su mujer, de todas formas la señora de la casa le echará ojo al vecino mientras su marido corretea detrás de la nueva secretaria. Porque el matrimonio —según la expresión popular— no es otra cosa que gustar del plato ajeno cuando ya ordenamos nuestro propio menú.

Peor aún, George Bernard Shaw decía que «toda mujer acude al matrimonio cuando se aburre de ser fiel», mientras que un personaje Shakespeareano elogiaba a la adúltera, que «en medio de su batalla pasional escoje la vieja espada con la que desea perecer».

Se trata, pues, de un muy especial punto de vista que los 400 cornudos, reunidos en Bélgica, definieron con exquisita moderación. No hubo lamentos, ni ofensas al prójimo ni desestima a su condición de macho herido.

Al contrario, Jacques Bardín rebatió desde una perspectiva psicoanalítica toda esa «amalgama ideológica» que rodea al hombre engañado. Psiquiatra, académico en París atado a la actriz de cine Anne Derviraux, Bardín hizo palidecer a los delegados narrando las infidelidades de su petite femme.

Los cornudos se reúnen

400 hombres, atormentados por celos y habladurías de sus vecinos, acaban de ponerle categoría científica a esta vieja dolencia de la autoestima del macho, de la cual no escapa ningún hombre casado

Como consuelo, ofreció una histórica lista de cornudos, pasando por los clásicos — César, Luis XVI, Napoleón, Washington, Victor Hugo, Poe, Miguel Angel, Pasteur, Moliere, Freud y Marx—, hasta llegar a gente actual, como Mitterrand, Reagan, Castro, Menem, Kruschev, el fallecido Ceaucescu, el pobre marido de la Thacher y otro más celebre aún: el multimillonario Donald Trump.

Luego de intercambiar experiencias, desideologizar su mal vista condición y aliviar las penas ocultas, los participantes del congreso redactaron un tratado de la infidelidad, brindaron... y se fueron apresurados, cada quien a buscar a la mujer en la casa de su mejor amigo.

139

Para mujeres que aman en exceso

En la revista *Estampas* del diario *El Universal* de Caracas, el 20 de octubre de 1991, se publicó un aviso con el título "Solo para mujeres" y el sugerente subtítulo en negritas: "¿Es usted adicta a las relaciones amorosas conflictivas?".

Una felicitación con ponzoña

Un remitido de dimensiones que lo hacían obligatoriamente visible (y leíble) fue publicado en *El Nacional* de Caracas con fecha 16-07-1993, con la firma de la señora Grisnalda Canto García e identificada con su cédula de identidad (E-81.226.074). Con letras en negritas y de gran tamaño se leía "(ATENCIÓN) RAÚL FRAGA DE LEÓN. C.I 8.734.863" y seguidamente la exposición de motivos. La amargura que destilan las palabras escritas de Grisnalda sin duda se deben a que el padre de su hijo decidió casarse con otra. Comienza diciendo que disfrute de su *champagne*, su caviar y su salmón, lo que induce a pensar que el señor Fraga de León tenía posibilidades, mientras el hijo que tuvo con la firmante del remitido anhelaba solo comer un "humilde heladito". De la evidente frustración no se salvan la madre de Fraga ni su cuñada y otros familiares. En fin, podrán ustedes leer en su totalidad este memorial de agravios que sin duda cumplió el cometido de amargarle la champaña, el caviar y el salmón a Fraga de León.

Promiscuo y prolífico

En la sección "Mundo breve" de *El Universal* de Caracas (15-05-1994) nos sorprendió la noticia, originada en Quito, de un ecuatoriano de nombre Ramón Bolívar Chávez Fernández, de 42 años de edad, quien pidió "ayuda médica para no tener más hijos, pues se siente abrumado con los veinticinco que debe criar de sus cuatro concubinas, los dos últimos a punto de nacer".

"'Ya hablé con la doctora del Centro de Salud para no tener más niños', declaró Chávez al diario *El Universo*, que destaca que

SOLO PARA MUJERES

¿Es Ud. adicta a las relaciones amorosas conflictivas?

Miles de mujeres prisioneras de sus sentimientos son adictas al amor.

Amar en exceso a un hombre puede ser una adicción tan nociva como la cocaína y puede llevar a graves consecuencias.

Si Ud. vive una dependencia amorosa destructiva, sepa que puede aspirar a una relación sana y feliz.

Consulte a: Consejera Terapéutica.
Ana L. Esusy especializada
en conductas sentimentales.
Concertar Cita por el Teléfono 256.49.52
de 9:00 a.m.a 12:00 m.
y 1:00 p.m. a 6:00 p.m.

12 · Estampas, 20 de Octubre de 1991

El Nacional
16-7-93

Publicidad B/13

(ATENCION)
RAUL FRAGA DE LEON
C.I. 8.734.863

En este día tan especial quiero unirme a todos los que hoy brindan por tu felicidad, que al compartir tu champagne tu caviar y tu salmón, recuerden que hay una inocente criatura que tal vez en este momento anhela tan sólo un humilde heladito. Unirme a esos seres que en tiempos pasados cuando él nació, elevaron una plegaria junto a tu familia al creador, y donaron su sangre para arrebatarlo de las garras de la muerte.

Estoy segura que tu padre en donde quiera que se encuentre te bendice por superarlo, no hay nada más dignificante que seguir los buenos ejemplos de los padres y repetir la historia si esto es preciso.

Es mi deber felicitarte públicamente por haber engatusado a una inocente e inexperta, con tus acosos y falsas promesas deslumbrándola con tus bienes materiales, aprovechándote de la debilidad de tres mujeres solas y de la ausencia de un hombre que te enseñara a comportarte como tal.

141

las cuatro mujeres del prolífico padre de familia son hermanas. Chávez reveló que todo había comenzado 18 años atrás cuando se unió con Teresa, la mayor de las hermanas. Tres años después se les unió Petita, a quien Teresa recibió en su casa y su lecho 'para que Ramón Bolívar no tenga mujeres fuera de la casa'. Al trío se unió una tercera –María Eugenia– seis años más tarde y poco después Lucila, la menor de las hermanas, sin que se haya roto la tranquilidad del tan peculiar hogar de Chávez Fernández.

"Petita, que ya dio ocho hijos a su hombre de familia, asegura que él es un padre cariñoso, 'muy tierno con los niños', y además buen amante de las cuatro. Algunos hijos mayores, ya adolescentes, comienzan sin embargo a sentirse turbados por la curiosa estructura familiar –son primos de sus hermanos y sobrinos de sus madres– y dicen que no repetirán la experiencia, anota *El Universo*".

* * *

No tuve el cuidado de anotar la fecha ni el nombre del diario en que una tal ANA J, que luego firmó como YO, todo en mayúsculas y negritas, publicara su declaración de amor a ¿quién?: "A ti". De manera que los lectores no logramos conocer la identidad de la amante despechada ni del causante de sus penas. En la imagen podrán leer en su totalidad esta quejumbrosa exposición de una pasión desbordada y a todas luces no correspondida.

Dudas sobre un heroico rey de la Biblia

El Mundo de Madrid, en su edición del 11-02-1993, dedicó una página completa –ilustrada con la fotografía de una concurrida reunión de judíos ortodoxos– para informar del escándalo suscitado en Israel y la indignación de la ortodoxia judía por las dudas acerca de la heterosexualidad del rey David. El título de la nota es: "El sexo de David pone en crisis a Israel". El asunto tuvo enjundia por la importancia de los personajes involucrados.

MUNDO
BREVE

Tiene 25 hijos
con cuatro hermanas

QUITO (EFE) — El ecuatoriano Ramón Bolívar Chávez Fernández, de 42 años, ha pedido ayuda médica para no tener más hijos, pues se siente abrumado con veinticinco que debe criar de sus cuatro concubinas, los dos últimos a punto de nacer.

"Ya hablé con la doctora del centro de salud para no tener más niños", declaró Chávez al diario El Universo, que destaca que son hermanas las cuatro mujeres del prolífico jefe de familia.

Campesino pobre de la población de Jipijapa, en la costa del Pacífico, Chávez relató que todo comenzó hace 18 años, cuando se unió con la mayor de las hermanas, Teresa Mero Santana.

Tres años después se les unió Petita, a quien Teresa recibió en su casa y su lecho "para que Ramón Bolívar no tenga mujeres fuera de la casa".

Al trío se unió una tercera, María Eugenia Mero Santana, seis años más tarde, y poco después la menor de las hermanas, Lucila, sin que se haya roto la tranquilidad en el peculiar hogar de Chávez Fernández.

Petita, que ya dio ocho hijos a su hombre de familia, asegura que él es un padre cariñoso, "muy tierno con los niños", y además buen amante de las cuatro.

Algunos hijos mayores, ya adolescentes, empiezan sin embargo a sentirse turbados por la curiosa estructura familiar —son primos de sus hermanos y sobrinos de sus madres— y dicen que no repetirán la experiencia, anota El Universo.

Astronauta japonesa

143

Era primer ministro de Israel el trágicamente fallecido Yitzhak Rabin. Era congresista, es decir miembro de la Kneset, la controversial Yael Dayán, hija del legendario general y héroe militar Moshé Dayán. Y como suele ocurrir desde hace años, el partido religioso Shas le aseguraba la mayoría parlamentaria al Gobierno laborista de Rabin. Estos ortodoxos le dieron un ultimátum al primer ministro exigiéndole que "los componentes de la coalición juren lealtad al rey David". La insólita propuesta, jurar lealtad a un rey que según la Biblia murió en el 1040 a. C., se originó por comentarios de la diputada laborista Yael Dayán que ponían en duda la hombría del monarca.

"Los ortodoxos –dice la noticia– plantearon sus exigencias en los términos más explícitos: la semana que viene al menos un representante del Gobierno, preferentemente un laico por ser estos los cómplices espirituales de la herejía, deberá postrarse ante la colina de Sion donde se hallaba el primer templo hebreo y rezar una plegaria en honor a su arquitecto, el rey David. Un representante del partido de Izquierda Meretz, miembro del Gobierno de Rabin, declaró: 'Los ministros de Shas han enloquecido, pretenden inducirnos a un acto de idolatría pagana, la adoración de las piedras del Templo'".

El origen de toda esta crisis se derivó de un derecho de palabra de Yael Dayán en la Kneset a favor de los derechos de los homosexuales. Para fundamentar sus propuestas abrió su Biblia en el segundo Libro de Samuel, capítulo primero, versículo 27, aclaró su voz y leyó: "Era mi amor por ti más preciado que el amor de mujeres...". El escándalo estaba servido, la bancada ortodoxa se levantó como un solo hombre, siendo necesaria la intervención de la policía parlamentaria para que la furia no se descargara sobre la frágil figura de Yael Dayán. "¡Arpía, ¿cómo te atreves a acusar al Rey Mesías de homosexual?!", gritaba fuera de sí el jefe del Partido Religioso Nacional. "Idólatra, hija de idólatras", bramaba otro diputado ortodoxo. El presidente de la Cámara lo-

ANA J

Ahora en que pruebas mi amor por ti. En que todo parece perdido porque tú no estás aquí. Ahora en que el tiempo pasa y yo estoy sin ti, en que recuerdos imborrables acuden a mi mente, recuerdos que siento latir dentro de mí y me queman el pecho. Cuando pienso en tus besos y en tus dulces caricias ya ausentes. Ahora quiero decirte vida mía, que eres el centro y el eje de toda mi existencia. Ahora en que no quieres saber ya más de mí, en que te alejas por falsas tónicas, por errores que no tienen bases, que nos llevan irremediablemente al fin.

Ahora en que pienso en ti con delirio, con penas, con amor. Ahora puedo decirte... sin temor a equivocarme, que ''te amo'', ''intensamente'', que eres maravillosa, cruel y ardiente.

Ahora voy a decirte ¡aunque te duela!, que estás en un error al condenarme, que mi vida gira alrededor de ti, y que no se condena a quien su único pecado es... ¡¡¡Haberte amado con locura...!!!

¡YO!

gró, a fuerza de martillazos, finalizar la sesión, pero el escándalo acababa de comenzar. El ministro de Educación, manchando su camisa con café de pura excitación, desenterró el hacha de la guerra: "Reventaremos a los laboristas y a su Gobierno de lujuria",

Más adelante Yael Dayán precisaría que el rey David no fue homosexual sino bisexual, "ya que su arrobo por Jonatan no le impidió tener amores con muchas mujeres". Agregó que la Biblia contiene las virtudes y los defectos, las grandezas y las debilidades de nuestros antepasados y la interpretación de este texto no es patrimonio de los religiosos. "Precisamente escogí la figura del rey David para patentizar que las inclinaciones sexuales de una persona no impiden que desempeñe exitosamente las más altas funciones".

Termina la noticia con un comentario sobre la victoria obtenida por Rabin en el Consejo de Seguridad de la ONU, ahora empañada nada menos que por la primogénita del héroe Moshé Dayán.

Capítulo VII
Misceláneos

Ni los cadáveres están a salvo

Una información publicada en *El Nacional* de Caracas, el 30 de enero de 1979, da cuenta del secuestro de un cadáver por parte del conductor de la carroza fúnebre que lo conducía al cementerio. Paso a resumirla: el chofer de la carroza se molestó porque los familiares del difunto se tardaron en realizar el sepelio. El hecho ocurrió en Petare, cerca de la avenida Francisco de Miranda, cuando el conductor de la Funeraria Virgen del Valle, César Lucio Medina Mungarrieta, se irritó porque los deudos de Andrés Herrera prolongaron el entierro, aparentemente porque esperaban a un sacerdote que oficiaría la misa. El prefecto del distrito Sucre, Juan Guillén Pacheco, informó que, según las investigaciones de su despacho, el ya nombrado conductor estaba de mal humor aquel día y trabajaba con desgano. Lanzaba las coronas de flores en la carroza, sin cuidado y con desprecio. Después que huyó con la urna, los familiares del muerto lograron alcanzarlo en El Marqués. El chofer se bajó de la carroza y, después de enfrentarse con los familiares, salió huyendo. Lo capturaron, lo detuvieron dos días, pero la Funeraria Virgen del Valle demandó por considerarse agraviada y porque la carroza fúnebre continuaba retenida en la prefectura.

***

Durante mi desempeño como ministra de Estado para la Cultura y presidenta del Consejo Nacional de la Cultura, Conac (1985-1987), recibí infinidad de peticiones risibles y hasta grotescas. Quizá pocas tan singulares como una del comandante general de la Policía

Metropolitana, fechada el 3 de junio de 1986. Transcribo el oficio:

Señora Doctora
Paulina Gamus.
Ministro de la Cultura Conac
Su despacho

Me complace dirigirme a usted en la oportunidad de remitirle anexo documento titulado: "Razones argumentales de la Apassionata *de L.V. Beethoven", el cual tiene por objeto convertir el conflicto beethoveniano puesto de manifiesto en la* Appasionata, *adaptando la puesta en escena a los antagonismos que ha de enfrentar la Policía Metropolitana en la ejecución del proyecto Seguridad Solidaria. Al hacer la remisión que antecede, aprovecho este conducto para expresarle sentimientos de estima personal, ofreciéndome a sus muy gratas órdenes en esta su Policía Metropolitana.*

Firma el general de División (GN) Marco Adolfo Pacheco Melgarejo, comandante general de la Policía Metropolitana.

En las páginas subsiguientes se puede leer en su totalidad este proyecto que algún músico de dudosa salud mental, pero con agallas suficientes para cobrar por este despropósito, le hizo asumir a un cuerpo policial que puede ser de todo menos apasionado de la *Appasionata* o de cualquier otra obra de Ludwig Van Beethoven.

EL NACIONAL 30-1-79

El Chofer
de una Carroza Fúnebre Secuestró al Muerto que Llevaba a Enterrar

Un chofer de carrozas fúnebres secuestró al muerto que había llevado a enterrar inicialmente en el cementerio, al molestarse porque los familiares se tardaron en realizar el sepelio.

El caso ocurrió, en el cementerio de Petare, cerca de la avenida Francisco de Miranda, cuando el conductor de la funeraria Virgen del Valle, César Lucio Medina Mungarrieta, se irritó porque los deudos de Andrés Herrera prolongaron el entierro de su familiar, aparentemente porque esperaban a un sacerdote que oficiaria los últimos sacramentos.

El prefecto del Distrito Sucre, Juan Guillén Pacheco, quien suministró la información, contó que según las investigaciones realizadas por su despacho, Medina Mungarrieta al parecer estaba de mal humor aquel día y trabajaba con desgano frente a las personas a quienes debía sus servicios.

—El conductor de la funeraria Virgen del Valle tiraba las coronas que habían enviado los amigos del señor Herrera, las lanzaba sin cuidado y con desprecio, según los informes que llegaron aquí —dijo el prefecto.

Luego, la familia del fallecido aparentemente esperaba al sacerdote que llevaría a cabo los santos oficios y Medina Mungarrieta decidió llevarse el cadáver, quizás otra vez a la funeraria.

—Lo agarraron por El Marqués, los mismos familiares, después de perseguirlo desde el cementerio —relató el prefecto Guillén. Entonces, el chofer se bajó de la carroza fúnebre, se enfrentó con quienes lo perseguían y salió corriendo.

El hijo del fallecido señor Herrera, Néstor Alfredo Herrera, tuvo que conducir de nuevo el automóvil donde llevaban el cuerpo de su padre hacia el cementerio y enterrarlo a las seis de la tarde, cuando debió haber sido a las tres.

El chofer fue capturado por la prefectura del Distrito Sucre y estuvo detenido dos días; pero aquí no terminó la historia.

El Juzgado IV de Primera Instancia en lo Penal del Estado Miranda, con sede en el Distrito Sucre, ordenó a la Prefectura de Petare que le enviara el expediente de este caso, a fin de decidir si la funeraria Virgen del Valle resultó agraviada. La funeraria hizo tal solicitud al Tribunal, pues consideró que se atropelló al conductor, además de que aún la carroza fúnebre permanece retenida en la Prefectura.

F. L.

El premio que "Dios sabe por qué se lo dio"

El 26 de julio de 1991, en la página D/11 del diario *El Nacional* de Caracas, pudimos leer un remitido con el siguiente título: "Padres y representantes de la escuela Miguel Antonio Caro piden de la profesora Ovalles colaboración para ese instituto".

El motivo de ese costoso remitido fue exigir que la profesora Mercedes Eugenia Sánchez Ovalles, la profesora Ovalles, como era conocida en la escuela antes mencionada y subdirectora de la misma, quien había ganado el Extra de Navidad de la Lotería de Caracas, consistente en cincuenta (50) millones de bolívares, para la época casi un millón de dólares ($1.000.000,00), tuviese un gesto de generosidad con la escuela. Según el remitido, ese premio no fue otorgado en diciembre, como correspondía, sino algunas semanas antes del mes de julio y desde el día 10 de ese mes la ganadora Ovalles no volvió a la escuela. "Todos la están esperando porque todos –directivos, educadores, obreros, estudiantes y miembros de la Sociedad de Padres y Representantes– están felices porque se ganó 50 millones de bolívares". En la foto que encabeza el aviso aparece un grupo difícil de identificar, aparentemente alumnos ingresando a la institución educativa. En otra más visible está un hombre maduro de nombre Antonio García, portero de la escuela. "¡Dios le dio la felicidad a ella!", dice una especie de subtítulo que da paso a manifestar la alegría que siente no solo el portero García, sino la escuela en pleno, por la suerte de la profesora Ovalles. "Se lo merece porque es muy buena gente". Después de tantas felicitaciones y alegrías, viene el petitorio: un donativo para la escuela "que está en el suelo". Uno de los padres dice: "Dios sabe por qué se lo dio a ella" y de seguidas le pide pupitres nuevos. Por último, la señora Ana de Pérez aspira a que la ganadora se acuerde de la escuela e insiste en que Dios sabe por qué se lo dio a ella.

Nunca sabremos si la profesora Ovalles, ganadora de casi un millón de dólares, volvió alguna vez a la Escuela Miguel Antonio Caro, y eso que "Dios supo por qué se lo dio a ella".

PADRES Y REPRESENTANTES DE LA ESCUELA "MIGUEL ANTONIO CARO" PIDEN DE LA PROFESORA OVALLES COLABORACION PARA ESE INSTITUTO

- Dios sabe por qué le dio el premio de los 50 millones de bolívares a la profesora Ovalles
- Que lo disfrute, pero que también ayude a la Escuela donde la queremos mucho

Esta es la Escuela Básica "Miguel Antonio Caro", en Catia, desde donde piden a la ganadora de los 50 millones de bolívares, cooperación para solucionar sus problemas.

La profesora Mercedes Eugenia Sánchez de Ovalles —la profesora Ovalles, como la llaman en la Escuela Básica Miguel Antonio Caro, de Catia— se ha hecho acreedora del premio mayor de la Lotería de Caracas, del "Extra de Navidad", que, por razones muy conocidas, fue suspendido en diciembre, hasta hace varias semanas.

Ella, la profesora Ovalles, trabaja como subdirectora de dicha institución docente, y desde el día 10 de este mes no ha vuelto, "porque solicitó un permiso para ausentarse de Caracas", según dijeron en la Escuela. Pero allí todos la están esperando, porque todos —directivos, educadores, trabajadores, obreros, estudiantes y miembros de la Sociedad de Padres y Representantes— están felices porque se ganó 50 millones de bolívares.

"DIOS LE DIO LA FELICIDAD A ELLA":

Antonio García es un hombre bastante maduro, ya se acerca a una honrosa ancianidad y desde hace 11 años es portero principal de la Escuela "Miguel Antonio Caro" y, como todos los demás en la Escuela, está feliz, emocionado, porque la profesora Ovalles se haya ganado ese premio.

"Yo estoy muy feliz por lo que dice la prensa, sobre el premio de la profesora Ovalles. Dios le dio la felicidad a ella porque se lo merece, ya que ella es muy buena gente", dijo el señor Antonio García.

Antonio García, uno de los empleados de la Escuela "Miguel Antonio Caro", en Catia.

que ese sea su gusto, y la escuela se lo agradecerá".

"DESEO QUE LE VAYA BIEN":

"Yo tengo un muchacho estudiando aquí, y por eso conozco a la profesora Ovalles y deseo que le vaya bien con sus 50 millones, pero a la vez le ruego que haga un buen donativo para la Escuela, en especial para tener pupitres nuevos". La afirmación es del señor Genaro Brito, quien también expresó la satisfacción de ellos a favor de

151

Otras formas de cobrar

Una persona que se identificó como Ángel Roberto Infante, dueño de la empresa Inversiones Inalca C.A., hizo publicar un aviso pagado en *El Universal* de Caracas (28-09-1997) con el objeto de que le pagaran deudas pendientes. El título del remitido es "A mis amigos" y aparece luego una larga lista con nombres de personas y de las empresas que poseen o representan. Después de esa lista, el señor Infante agrega: "...y a otros más que ni siquiera les hice firmar documento alguno por su condición de mejores amigos, a quienes en alguna oportunidad les presté dinero de mi empresa Inversiones Inalca C.A. para resolver problemas económicos, familiares, de salud, hacer negocios, etcétera, les ruego ponerse en comunicación conmigo. Mi dirección es la misma de siempre, donde ustedes acudieron en esos momentos difíciles" (aparece una dirección en la avenida Universidad de Caracas, con sus correspondientes teléfonos). "Los amigos que aparecen tachados con una línea (—) acudieron al llamado; se exhorta a los demás a hacer lo mismo" (al leer el remitido, los tachados son solamente tres).

"Los amigos Omar Urbina y Rafael Jaén –continúa el remitido–, cuyos espacios aparecen en blanco, no han acudido al llamado, pero tienen homólogos que me llamaron cordialmente para que los excluyera del aviso, pues ni siquiera me conocen y les estaba ocasionando molestias". Concluye con esta frase: "Las deudas entre los amigos no prescriben, se mantienen en el tiempo hasta que sean honradas".

* * *

Un día de marzo de 1978 fue publicado en *El Nacional* un remitido con el título "Todos unidos contra los morosos. Representaciones Figtorbol C.A.". El aviso informaba de la creación de una

A MIS AMIGOS:

Rodolfo Elías Viso (Inversiones Los Tutueles, S.R.L.), Héctor Antonio Garcés Martínez (AMAPARI, C.A.), Ciro Bandres, Carlos Blanco (Inmobiliaria Lida, C.A.), Braulio Mendoza, Yolanda Pérez, ~~José Luis Martínez (Tecservi, C.A.)~~, Freddy Virahonda (Favo Publicidad, C.A.), Oskar Doria Morr, Héctor Mocati (Constructora 81, C.A.), Henry José Rivas, Miguel Agraz, Angel Guevara (El Negocio del Centro, C.A.), Angel Pracedes Oca, Carlos Llamozas (Constructora Los Orumos, C.A.), , Evaristo José Araque Vera, Josefa Mallón de Rodríguez, Stephen Louis Oluskola, Luis Alfredo Sánchez Manrique, , Pedro Juan Valera Niño, Guillermo Alvarez, Pedro Orlando, Hernán Bautista Díaz (Marlene López -Fiadora-), ~~Miguel Bejarano, Antonio Camarán~~, Nury Cazorla, ~~Arquímedes José Miranda~~, Wilfredo López, Mario Jiménez, Mireya Nieves, Carmen Barbuzano Herrera, y a otros tantos más, que ni siquiera les hice firmar documento alguno por su condición de mejores Amigos, a quienes en alguna oportunidad les presté dinero de mi Empresa INVERSIONES INALCA, C.A., o en mi nombre ANGEL ROBERTO INFANTE, para resolver problemas Económicos, Familiares, de Salud, hacer Negocios etc., les ruego ponerse en comunicación conmigo.

Mi dirección es la misma de siempre donde ustedes acudieron en esos momentos difíciles: Av. Universidad, Edif. C.P.C., Torre "B", piso 24, oficina 2402, La Candelaria, Caracas, Dtto. Federal. Los Teléfonos siguen siendo los mismos: (02) 5763091; 5769991; 5769851, Fax : 5762403.

Los amigos que aparecen tachados con una línea, (——), acudieron al llamado, se exhorta a los demás amigos a hacer lo mismo.

Los amigos OMAR URBINA y RAFAEL JAEN, cuyos espacios aparecen en blanco, no han acudido al llamado, pero tienen homólogos (nombres y apellidos) que me llamaron cordialmente y me solicitaron que los excluyera del aviso, pues ni siquiera me conocen y les estaba ocasionando molestias.

Las deudas entre los Amigos no prescriben, se mantienen en el tiempo, hasta que sean honradas.

El Universal.
28-9-97

Remitido

TODOS UNIDOS CONTRA LOS MOROSOS REPRESENTACIONES FIGTORBOL C. A.

(Distribuidores de Artículos de Vestir para Damas, Caballeros y niños y Artefactos Eléctricos para el Hogar).

Se complace en felicitar efusivamente a los señores Juan Ernesto Manzanilla, de Trajes Juan Ernesto, Víctor Chirinos, de Trajes Chirinos; J. M. Domínguez, de Trajes Domínguez, Carlos Rodríguez, de Dame de Venezuela, y Luis Alberto Taioli, de Trajes Tayoli, por la feliz iniciativa que han tenido con la creación de la **Asociación de Distribuidores a Crédito de Ropa**, organización ésta que está llamada a jugar un importante papel en la defensa de los intereses de todos aquellos que como nosotros, nos dedicamos a la venta de artículos de vestir a crédito.

Del mismo modo **REPRESENTACIONES FIGTORBOL C. A.** hace un llamado a todos los comerciantes del ramo a agruparse en esta asociación, en la seguridad de que trabajando todos organizados y en completa coordinación, lograremos cerrarle las puertas del crédito en forma definitiva, a la gente que le gusta vestir bien y no pagar la ropa que lleva puesta.

P.D. DESDE YA PONEMOS A LA DISPOSICION DE LA DIRECTIVA DE LA ASOCIACION DE DISTRIBUIDORES A CREDITO DE ROPA, NUESTRA LISTA NEGRA DE CLIENTES MOROSOS, PARA QUE LA MISMA SEA PUBLICADA, Y PARA QUE DICHOS SEÑORES PASEN A ENGROSAR EL LIBRO NEGRO DE AQUELLAS PERSONAS, QUE YA NO PODRAN SEGUIR VISTIENDO BIEN APROVECHANDOSE DE SU FALSA APARIENCIA.

REPRESENTACIONES FIGTORBOL C. A.

Asociación de Distribuidores a Crédito de Ropa (sic) para defender los intereses de los vendedores de artículos de vestir, a crédito.

La posdata del remitido, en mayúsculas, rezaba: "DESDE YA PONEMOS A LA DISPOSICION DE LA DIRECTIVA DE LA ASOCIACIÓN DE DISTRIBUIDORES A CRÉDITO DE ROPA NUESTRA LISTA NEGRA DE CLIENTES MOROSOS, PARA QUE LA MISMA SEA PUBLICADA Y PARA QUE DICHOS SEÑORES PASEN A ENGROSAR EL LIBRO NEGRO DE AQUELLAS PERSONAS QUE YA NO PODRÁN SEGUIR VISTIENDO BIEN, APROVECHÁNDOSE DE SU FALSA APARIENCIA".

Brujos y analistas

El 9 de diciembre de 1989, el diario *El Nacional*, en su página C/7 y con la firma del periodista Euro Fuenmayor, informaba sobre una convención de brujos a reunirse en Cartagena, Colombia. En el sumario: "Se ha confirmado la asistencia de más de 300 investigadores sociales y culturales, antropólogos, parasicólogos, sicólogos sociales y otros que, en torno al culto de María Lionza, analizarán cuestiones míticas o terrenales como la deuda externa y la pérdida de poder de AD en las elecciones del 3 de diciembre". La información fue ilustrada con una imagen de la "reina" María Lionza. Arturo Gallardo, "materia mayor guía" (grado ritual máximo del culto), señaló que la reina María Lionza es la encarnación de nuestra identidad nacional. Otro de los líderes, identificado como Dr. González, señaló: "Cuando todas las puertas se hayan cerrado y cuando todas las plegarias se hayan dicho, solo nos queda invocar a las tres potencias del bien: la reina María Lionza, Guaicaipuro y el Negro Felipe".

Aquel 3 de diciembre se realizó por primera vez en el país la elección popular y directa de gobernadores de estado, prometida y promovida por el presidente Carlos Andrés Pérez en su segundo mandato. Pero justamente al inicio de este, en febrero de 1989, ocurrió el llamado Caracazo, que –aprovechado por distintos factores– derrumbó la inmensa popularidad con la que CAP había ganado las elecciones de diciembre de 1988. Acción Democrática salió mal parada en esas primeras elecciones de gobernadores después del Caracazo. Se recuperó con creces en las de 1993, quizá gracias al Congreso de Brujos. Pero estos no fueron capaces de avizorar lo que le esperaba al país después del triunfo de Hugo Chávez en 1998.

El embuste no es mentira

Otro congreso, pero esta vez no de brujos sino de embusteros, debió realizarse entre el 28 y 30 de noviembre de 1997, en el Teatro Emma Soler del Ateneo de Los Teques (capital del estado Miranda). En su columna "Feeling", del diario *El Nacional* (26-08-1997), el periodista Kiko Bautista ofreció la información. El lema del congreso es "El embuste no es mentira", dijo Andrés Aguilar, uno de los organizadores. Explicó la naturaleza y las razones de la convocatoria: "Este primer congreso se va a realizar en Los Teques porque Los Teques es un embuste como ciudad. Allí lo que hace la gente es dormir. El embuste es un acto creativo, no daña a nadie. La virginidad de María es un embuste bonito. La literatura y las artes están llenas de estos ejercicios de la imaginación. La mentira, en cambio, generalmente lleva por dentro una agresión, maldad y daño. Mentira fue lo que dijo aquel presidente cuando declaró que 'la riqueza había que administrarla con criterio de escasez' [CAP en su primer Gobierno] o eso que señaló otro mandatario en los momentos de la crisis financiera: 'La banca nos engañó' [Jaime Lusinchi]. El Congreso de Embusteros es verdad. El 28 vamos a montar la gallera de los poetas desde las 12 de la noche hasta las 8 de la mañana. El 29 tenemos el encuentro de cuentacuentos contra embusteros. Los que deseen mayor información"... Se ofrecían unos números telefónicos.

Brujería hasta en el primer aeropuerto del país

Unos brujos embozados, protegidos por el anonimato, causaron alarma en el Aeropuerto Internacional Simón Bolívar, en Maiquetía, nada menos que el principal aeropuerto del país. Según la información del periodista Gumersindo Villasana, publicada en el diario *El Universal* de Caracas el 8 de octubre de 1981, los actos de brujería detectados en el terminal aéreo fueron: "Un velón negro con cinco lazos de cintas e igual número de nombres de personas, localizado al amanecer frente a una de las oficinas

El Nacional
9-12-89
Información   C/7

Convención de brujos se reúne en Camatagua

Se ha confirmado la asistencia de más de 300 investigadores sociales y culturales, antropólogos, parasicólogos, sicólogos sociales y otros, que en torno al culto de María Lionza analizarán cuestiones míticas o terrenales, como la deuda externa y la pérdida de poder de AD en las elecciones del 3 de diciembre

CONGRESO DE EMBUSTEROS. Entre el 28 y el 30 de noviembre, en el Teatro "Emma Soler" del Ateneo de Los Teques, se va a realizar "El I Congreso Mundial de Embusteros", bajo el lema "el embuste no es mentira". Andrés Aguilar, uno de los organizadores del evento, nos explica la naturaleza y las razones de la convocatoria: "Este primer congreso se va a realizar en Los Teques, porque Los Teques es un embuste como ciudad. Allí lo que hace la gente es dormir. El embuste es un acto creativo, no daña a nadie. La virginidad de María es un embuste bonito. La literatura y las artes están llenas de estos ejercicios de la imaginación.

La mentira en cambio, generalmente lleva por dentro agresión, maldad y daño. Mentira fue lo que dijo aquel Presidente cuando declaró que la riqueza había que administrarla con criterio de escasez, o eso que señaló otro mandatario en los momentos de la crisis financiera... "la banca nos engañó". El I Congreso de Embusteros es verdad. El 28 vamos a montar la gallera de los poetas, desde las 12 de la noche hasta las 8 de la mañana. El 29 tenemos el encuentro de cuentacuentos contra embusteros". Los que deseen mayor información pueden solicitarla por el teléfonos (032) 43146 ó al (02) 662-81.42.

públicas. El velón había sido encendido, pero al parecer no duró mucho porque la brisa lo apagó. Por la mañana, cuando procedieron a abrir la oficina, se encontraron que en el piso estaba regada una sustancia negruzca".

"Según el ritual, las personas contra quienes iba dirigido el daño deberían proveerse de medallas de la Virgen Santa, Santa Filomena y San Benito, que, según los brujos, son quienes protegen de todos esos males. Y leer, además, la obra *El poder de la fe*, de Ricardo Plank.

"Pero quienes intentaron estos hechos de brujería contra personal del aeropuerto al parecer no han desmayado, porque hace pocos días, en una recorrida que practicaban funcionarios de la seguridad por la zona de los tanques de agua, encontraron un lote de cuchillos en cruz, con un velón negro y otro amarillo, además de varias oraciones".

El retorno de La Sayona

Pasé buena parte de mi infancia aterrada por los cuentos que las empleadas domésticas nos narraban a mis hermanos menores y a mí sobre las apariciones de La Sayona, La Burra Maniá y otros seres maléficos y monstruosos. La Sayona era, supuestamente, un ser extraterrestre que se les aparecía por las noches a los hombres que andaban por la calle. Estos se sentían atraídos por una bella mujer que les coqueteaba y, al acercarse a ella, la misma desaparecía, lo que había causado infartos o había hecho perder la razón a más de uno. El diario *Últimas Noticias* de Caracas, campeón del amarillismo, especialmente cuando tuvo en su plantilla al periodista Oscar Yanes, solía publicar noticias de aparecidos, fantasmas e iluminados, lo que hacía que el pasquín se agotara. No en balde fue por muchos años el periódico de mayor circulación en el país.

Los dos recortes de prensa de ese mismo diario tienen como elemento insólito la fecha de su publicación: año 1990. Es decir

que cuando ya existían los aviones jets, las computadoras y los teléfonos celulares, *Últimas Noticias* seguía explotando la leyenda de La Sayona porque de seguro había ingenuos que se la creían.

La primera de estas dos informaciones tiene como título "Aterrorizados conductores por 'La Sayona' de Cúa". Aclaro, para quienes no estén familiarizados con la geografía venezolana, que Cúa es una población del estado Miranda relativamente cercana a Caracas. Explica luego la noticia de la Agencia TGO (??) que dos nuevos conductores resultaron afectados por la presencia de "La Sayona" en la avenida perimetral de Cúa, quienes, "impresionados por la esbeltez y belleza de la misteriosa dama, chocaron sus vehículos, los cuales sufrieron daños de consideración". Oscar Nieto, de la línea de conductores Únicos del Tuy, indicó que "el sábado, a eso de las 11 de la noche, se dirigía a su residencia en Charallave cuando observó a la bella dama, frenó violentamente con objeto de ofrecerle la colita, pero al darle las buenas noches la dama se esfumó. Impresionado, aceleró su vehículo Dodge pero se le fueron los frenos, chocando contra una construcción y destrozando el tren delantero del vehículo".

El 16 de agosto de 1990, *Últimas Noticias* publicó otro capítulo de esta serie: "Tres choferes fueron nuevas víctimas anoche del tongoneo de 'La Sayona' de Cúa". Después de mencionar los casos

159

de la información anterior, esta comienza con el caso del joven empresario de bienes raíces Pablo José Delgado –"Pablito"–, "quien se desplazaba en su vehículo Ford Corcel hacia su residencia en la calle El Carmen, cuando frente a la tasca La Puerta de Cúa observó a la monumental dama, por lo que de inmediato frenó el vehículo y perdió el control chocando contra un muro de la vía, destrozando el tren delantero. La reparación supera los 10.000 bolívares. Otro conductor, Antonio Ramos, al observar a la bella mujer quiso frenar, pero los frenos no le obedecieron y el vehículo fue a parar al cauce del canal del río Tuy. Un tercer conductor, el taxista Omar Liendo, se desplazaba por la perimetral, hacia la altura de la empresa Cruz Verde. Observó la bella silueta a la que ofreció sus servicios. Mientras estaba estacionando, su vehículo fue destrozado por un loco del volante que en estado de ebriedad se dio a la fuga. 'La dama –dice Liendo– voló a las alturas en forma impresionante'. El chofer Máximo Padilla vio la elegante silueta que lentamente se tongoneaba por la acera. Impresionado por su elegancia y modo de caminar, le lanzó un piropo y fue tanta la emoción que sintió al verse correspondido que perdió el control del vehículo, voló la isla y se volteó, originando una descomunal tranca por espacio de varias horas. 'La Sayona' de Cúa se ha convertido en un problema para los conductores que se desplazan por la Perimetral de esta ciudad, lo que se presume hará que disminuya considerablemente el tránsito en horas de la noche por esta importante arteria vial".

En libertad agresor del expresidente LHC

Imposible encontrar en Google la fecha exacta en la que, mientras ejercía la presidencia de la república (1979-1984), Luis Herrera Campins fue golpeado con un palo en la cabeza. Pero el 30 de julio de 1987, el vespertino *El Mundo* de Caracas informó: "En libertad agresor del expresidente LHC". La noticia emanada de San Juan de Los Morros, capital del estado Guárico, y firmada por el periodista Miguel Rojas Graffe, daba cuenta de que "Pedro González, el que le propinó un palo por la cabeza al doctor Luis Herrera Campins cuando desempeñaba la presidencia de la república, fue puesto en libertad el martes 28 de este mes. El hombre de 42 años de edad fue asistido en todo momento por el conocido penalista guariqueño y dirigente de Acción Democrática Arquímedes Araujo Pérez, quien no cobró un centavo por sus honorarios profesionales. Al pisar la puerta principal de la Penitenciaría General, Pérez dijo al periodista que iba rumbo a San Cristóbal, donde tiene algunos familiares y que posteriormente estará en plan de descanso, por lo que requerirá la ayuda económica de sus amistades. Señaló luego que, si se vuelve a encontrar con Luis Herrera Campins, le propinaría otro palo por la cabeza".

"Pedro González tiene antecedentes policiales por el célebre caso de ofrecer un desnudo en pleno desfile militar en el Paseo Los Próceres durante el mandato de Carlos Andrés Pérez".

Las guerras culturales

Recuerdo vagamente que en los años 70, ya con la izquierda pacificada e integrada a la vida cultural del país, aparecieron revistas y periódicos dirigidos por algunos exponentes de ese sector del país. Una de esas revistas fue la llamada *Jakemate*, de la que no he conseguido ninguna información en los buscadores de internet. Pero en el "Correo del pueblo", del diario *El Universal* de Caracas, con fecha 28 de marzo de 1982, apareció un remitido contra los integrantes de esa revista:

José Balza, Argenis Daza G., Jorge Nunes, José Moreno Colmenares, Teodoro Pérez Peralta, Juan Pinto, Alfredo Silva Armas, Jesús Alberto León, María Fernanda Palacios, Armando Navarro, Humberto Mata, John de Abate, Luis Arrioja, Rafael Rodríguez, Ednodio Quintero, Orlando Flores Menessini, Ismeldo Paiva Aviles, Gabriel Giménez Emán, Gustavo Pereira, Eduardo Lezama, Reynaldo Pérez Só, Marina Castro, Álvaro Benavides,

Revista Jakemate
Apartado 59051
Chaguaramos
Caracas 104

Chatarra:

Ustedes no existen, nunca existieron y nunca existirán. Incibatracios en busca de charco, han comprendido que nunca serán admitidos en el cementerio del arte oficial y se apresuran a cavar su propia tumba. Demasiado tarde. Si el imbécil de Alfredo Silva Armas hubiera salido alguna vez de los baños del Cine Florida, comprendería que toda comparación entre las mercancías cinematográficas de nuestro tiempo no solo es inútil sino profundamente reaccionaria. Y no rogaría frustrado "que le devuelvan su bolívar" [nota de la autora: valor de una entrada de cine en esos días]. Si el pobre diablo de José Moreno Colmenares fuera capaz de escribir o de leer algo, no se atrevería a llamar literatura a la falsa conciencia burocrática impresa por el desafortunado exministro Guevara, último leninista consecuente 50 años después de la contrarrevolución leninista. Ni se atrevería, imprudentemente, a "recordarse a sí mismo". No te olvidaremos.

Si la momia transistorizada de José Balza hiciera otra cosa que emular a la momia a vapor de Gallegos, comprendería que el "tercer tiempo" de su baile está a punto de terminar. Gallegos se nos escapó, ¡a ti te reventaremos, carroña!

Si el sonámbulo de Luis Arrioja no compartiera las miserias eróticas de Daza Guevara, podría quizá curarse de los "golondrinos" que tiene en el cerebro y utilizar las pocas noches que le quedan para comprender que la única poesía posible de nuestro tiempo es el juego insurreccional que supera y niega el arte, en la creación conciente [sic] de una vida sin tiempo muerto. Pero él, al igual que Álvaro Benavides, es incapaz de cualquier reflexión.

Si el abate John no confundiera la economía con las fábulas de

CORREO DEL PUEBLO...

Caracas, 28 de Marzo de 1972.

José Balza, Argenis Daza G., Jorge Nunes, Lubio Cardozo, José Moreno Colmenares, Teodoro Pérez Peralta, Juan Pinto, Alfredo Silva Armas, Jesús Alberto León, María Fernanda Palacios, Armando Navarro, Humberto Mata, John de Abate, Luis Arrioja, Rafael Rodríguez, Ednodio Quintero, Orlando Flores Menessini, Ismeldo Paiva Avilés, Gabriel Gimenez Emán, Gustavo Pereira, Eduardo Lezama, Reynaldo Pérez Só, Marina Castro, Alvaro Benavides.

Revista Jakemate
Apartado 59051
Chaguaramas
Caracas 104

Chatarra:

Ustedes no existen, nunca existieron y nunca existirán. Incubarracios en busca de charco, han comprendido que nunca serán admitidos en el cementerio del arte oficial y se apresuran a cavar su propia tumba. Demasiado tarde.

Si el imbécil de Alfredo Silva Armas hubiera salido alguna vez de los baños del cine "Florida", comprendería que toda comparación entre las mercancías cinematográficas de nuestro tiempo, no solo es inútil sino profundamente reaccionaria. Y no rogaría —frustrado— que le devuelvan "su bolívar"...

Si el pobre diablo de José Moreno Colmenares fuera capaz de escribir o de leer algo, no se atrevería a llamar "literatura" a la falsa conciencia burocrática, impresa por el desafortunado exministro Guevara, último leninista consecuente 50 años después de la contra-revolución leninista. Ni se atrevería, imprudentemente, a "recordarse de sí mismo". No te olvidaremos.

Si la momia transistorizada de José Balza hiciera otra cosa que emular a la momia a vapor de Gallegos, comprendería que "el temer tiempo" de su baile está a punto de terminar. Gallegos se nos escapó; a ti te reventaremos, carroña!

Si el sonámbulo de Luis Arrioja no compartiera las miserias "eróticas" de Daza Guevara, podría quizás curarse de los "golondrinos" que tiene en el cerebro, y utilizar las pocas noches que le quedan para comprender que la única poesía posible de nuestro tiempo es el juego insurreccional que supera y niega al arte, en la creación conciente de una vida sin tiempo muerto. Pero él, al igual que Alvaro Benavides, es incapaz de cualquier *reflexión*.

Si el abate John no confundiera la economía con las fábulas de Samaniego, sabría que en materia de desarrollo capitalista (o burocrático, que es lo mismo) la única glaciación que cuenta es la de su inteligencia, víctima de un avanzado climaterio desarrollista.

En cuanto a Gilberto Bejarano, su admiración por Soto-Peraloca dice bastante sobre su "cierta extraña inocencia íntima" (léase miseria). Es un pobre carajo. Definitivamente, el arte está muerto, solo quedan sus curas, a los que hay que matar.

Ustedes no nos interesan; nos interesa la destrucción del mundo que *representan*, y la destrucción de ustedes como *representación*. (cf.: Hegel).

Ustedes no tienen ninguna individualidad ni liberación posible. No se nos ocurre nada más insultante.

MATE PASTOR!

CONSEJO PARA LA LIQUIDACION DEL ARTE Y SU SUPERACION.

Samaniego, sabría que en materia de desarrollo capitalista (o burocrático, que es lo mismo) la única glaciación que cuenta es la de su inteligencia, víctima de un avanzado climaterio desarrollista.

En cuanto a Gilberto Bejarano, su admiración por Soto-Peraloca dice bastante sobre su "cierta inocencia íntima" (léase miseria). Es un pobre carajo. Definitivamente el arte está muerto, solo quedan sus curas, a los que hay que matar.

Ustedes no nos interesan, nos interesa la destrucción del mundo que representan y la destrucción de ustedes como representación (cf. Hegel). Ustedes no tienen ninguna individualidad ni liberación posible. No se nos ocurre nada más insultante. ¡Mate Pastor!

[firma] *CONSEJO NACIONAL PARA LA LIQUIDACIÓN DEL ARTE Y SU SUPERACIÓN*

La neurosis brota en el diván argentino

Desde siempre se ha tenido a la Argentina como el país de habla hispana, en el continente americano, en el que hay mayor proliferación de psiquiatras y psicólogos. Para pasar del empirismo a la realidad, *El Diario de Caracas* publicó el 19 de agosto de 1992 una nota con el antetítulo "Freud está de moda" y el título "La neurosis brota en el diván argentino". La noticia, proveniente de Buenos Aires gracias a la agencia AFP, comienza diciendo que "cada día hay más argentinos que se tienden en los divanes de los psicoanalistas o 'les ponen la oreja' a los psicólogos en busca del equilibrio perdido. Poco más del 27% de los 32 millones de pobladores de Argentina, según el último censo del año pasado, se psicoanalizan, reveló la revista *Somos*, que se edita en Buenos Aires. O sea que en Argentina hay un psicólogo por cada 1 mil personas contra 1 por cada 3 mil en Nueva York. La psicología es una carrera de moda y bien pagada ya que un psicoanalista 'vulgaris' cobra 50 dólares por sesión y hay gente que se tumba en el diván tres veces por semana".

"En Buenos Aires hay un barrio de clase media llamado Villa Freud, una zona limitada por las avenidas Las Heras, Santa Fe, Pueyrredón y Camming. Centenares de especialistas practican allí el análisis en sus principales variantes: la freudiana ortodoxa, la terapia sistemática del psicodrama, la psicología social y las tradicionales terapias transaccional y familiar".

Continúa la nota con explicaciones sobre los motivos que han llevado a los argentinos a tener esa afición por el psicoanálisis y la psicología en general: "Se trata de una sociedad agobiada por problemas de índole política, económica, social y sobre todo moral. Lo que lleva a unas estadísticas alarmantes: según la OMS, 25% de los argentinos padece neurosis, 3% esquizofrenia y 8% alcoholismo agudo".

Algo curioso de la noticia viene a continuación: "Los medios ecológico y cultural en que se desenvuelven los habitantes de

La neurosis brota en el diván argentino

Buenos Aires (AFP). Cada día hay más argentinos que se tienden en los divanes de los psicoanalistas, o "le ponen la oreja" a los psicólogos, en busca del equilibrio perdido.

Poco más de 27 por ciento de los 32 millones de pobladores de Argentina, según el último censo del año pasado, se psicoanalizan, reveló no hace mucho la revista **Somos**, que se edita en Buenos Aires.

O sea, que en Argentina hay 1 psicólogo por cada mil personas, contra 1 por cada 3 mil en Nueva York.

Así que la psicología es una carrera de moda en Argentina.

Y bien pagada, además, porque un psicoanalista "vulgaris" cobra 50 dólares por sesión. Y hay gente que se tumba en el diván tres veces por semana.

En Buenos Aires hay un barrio de clase media llamado Villa Freud, una zona limitada por las avenidas Las Heras, Santa Fe, Pueyrredón y Camming.

En Argentina hay un psicólogo por cada mil personas y 25 por ciento de la gente es neurótica; 3 por ciento esquizofrénica y 8 por ciento alcohólica. "Sentarse en el diván" está de moda y mientras más costosa sea la consulta, con mayor glamour se resuelven los problemas

Centenares de especialistas practican allí el análisis en sus principales variantes: la freudiana ortodoxa, la terapia sistemática del psicodrama, la psicología social y las tradicionales terapias transaccional y familiar.

Somos afirma que los argentinos son "carne de diván", basándose en declaraciones que profesionales argentinos hicieron a la cadena estadounidense de televisión **NBC**.

Sin embargo, para Osvaldo Avelluto, ex presidente de la Federación de Psicólogos Argentinos, lo que pasa es que aquí hay una considerable divulgación de la psicología y una aceptación social del psicoanálisis como teoría y como técnica.

Otro factor incidente en el incremento de la cantidad de personas que se acuestan en los divanes de los psicoanalistas es el aumento de las patologías en una sociedad como la argentina, agobiada por difíciles problemas de índole política, económica, social y, sobre todo, moral.

Según estadísticas de la Organización Mundial de la Salud (OMS), 25 por ciento de los argentinos padece neurosis, 3 por ciento esquizofrenia y 8 por ciento alcoholismo agudo.

Otros trastornos mentales muy comunes son los que producen el consumo habitual de drogas –blandas y duras– las depresiones, las fobias y las obsesiones.

Los medios ecológico y cultural en que se desenvuelven los habitantes de Buenos Aires, constituyen, además, el origen de muchas enfermedades psíquicas,

o distorsiones la casi patoló bajo.

Treinta mi tualmente en convencer a trabajar, en constituir la de sus proble

Avelluto s "Argentina e identidad na nal (¡eso se el psicoanáli das las técni ayudan al c dual", establ

Por otra pa ción del trat como panace firmación de can de "mar en general y particular d veces por qu por liso y ll demostrar q que también

EL DIARIO 19-8-92

Buenos Aires constituyen, además, el origen de muchas enfermedades psíquicas o distorsiones como, por ejemplo, la casi patológica aversión al trabajo".

Termina la información aventurando que esa manía por el psicoanálisis puede ser por demostrar que se está a la moda, por hacer gala de tener dinero o por simple esnobismo. Pero también quienes no son ricos pueden acceder a esos tratamientos a precios menores –3 dólares y medio por sesión– gracias a la cobertura de las mutuales médicas. "Esos psicoanalizados a tan bajo precio no se sienten muy bien. Les parece que el psicólogo –gafas, barba y chaqueta a cuadros, pulserita de pelo de rinoceronte en la muñeca derecha– o la psicóloga –bajita, un poco metidita en carnes, también con gafas, por supuesto, y a la que suele faltarle un diente– no son 'clase A', pero igual van a tenderse en sus divanes. Algo es algo".

Una postulación de lo más objetiva

El nombre de Andrés Aguilar, quien aparece ya en estas páginas como uno de los organizadores del Congreso de Embusteros, en Los Teques, estado Miranda, y además pone como ejemplo de mentirosos a los presidentes Carlos Andrés Pérez, en su primer Gobierno, y a Jaime Lusinchi, vuelve a saltar en mi carpeta de recortes gracias a una carta que su hermano Alejandro Aguilar, Cédula de identidad N° 623.430, envió con fecha 10 de febrero de 1977 al presidente Carlos Andrés Pérez. La transcribo:

Ciudadano
Carlos Andrés Pérez
Presidente de la República
Palacio de Miraflores
Ciudad

Señor Presidente:
Los recientes cambios ocurridos en el Gobierno que usted lideriza (efectuados a nivel ministerial y de gobernaciones de estado) han suscitado en mí una detenida reflexión sobre los problemas que aquejan al estado Miranda, fecunda tierra de donde soy y en donde me encuentro sembrado para siempre como un árbol. Por consiguiente, reclamo respetuosamente su atención para con estas líneas escritas sin inhibiciones de ninguna clase.
Con mucha preocupación hemos observado los mirandinos que nuestro estado ha sido generalmente gobernado por personalidades que no se encuentran identificadas plenamente con el ser y la problemática diversa de nuestra región. Tradicionalmente ha sido Miranda un estado importador de gobernadores. Y como se sabe, un estado es diferente a un equipo de béisbol. Nuestra historia como importadores de gobernadores es larga, los hemos visto llegar de muy distintas regiones y con diversos títulos. Me atrevo a asegurar que uno de los factores que ha influido en el agrava-

miento de algunos problemas que ya resultan alarmantes para los destinos del estado Miranda, es esta práctica constante de ignorar a los hombres del "patio". Precisamente los más idóneos para cumplir una función tan importante. Porque no se trata solo de la buena o mala voluntad del elegido, sino de su competencia y real sabiduría para servir a la región.

Señor Presidente, si por una vez levantamos esa cortina de humo que disimula el falso desarrollo del estado Miranda, nos encontramos con un panorama casi sombrío. Si no es triste es porque la música mirandina es tan alegre que no la han podido liquidar. Porque hasta nuestro folklore (de los más bellos el país) está desnaturalizado y en peligro de desaparecer. "Los tambores de San Juan de Curiepe", para nombrar una de nuestras manifestaciones, han sido penetrados por toda clase de modas fraudulentas y su canto apagado por el infernal ruido de las motocicletas. Ciertamente, en un pasado que todavía no es remoto, el estado Miranda presagiaba un destino mejor. Pero hoy observamos en su territorio zonas realmente deprimidas y sin aliento, donde el desarrollo no ha llegado y campean el desempleo, la miseria, las enfermedades y el desamparo ante el futuro.

Sigue la misiva con la descripción de las glorias pasadas del estado Miranda: grandes cantidades de cacao para la exportación, importante producción de café, plantaciones de caña de azúcar, ganado de carne en los valles del Tuy. El ferrocarril que recorría Barlovento desde Carenero a San Fernando del Guapo, "un ferrocarril que representaba mejor el progreso que los lujosos automóviles que pasan ahora por algunas carreteras como alma que lleva el diablo".

Ahora sí viene la postulación:

Sí, señor Presidente, un gobernador no hace milagros, pero un gobernador que tenga mucho de la sabiduría popular de Sancho y de la audacia soñadora de Don Quijote puede contribuir a la construcción de la obra profunda que es poner a valer nuestra "ínsula Barataria". Es por esta razón, señor Presidente, que yo, ciudadano mirandino por todos los costados, levanto la mano y a viva voz le propongo un nombre de gobernador: Andrés Aguilar Pérez, un hijo del Estado Miranda fogueado en todas las enseñanzas del sanchismo-quijotismo, es decir, la vida. Conozco de cerca al hombre, es hijo de Salvador Aguilar, el Poeta Obrero, el mismo que en sus versos se atrevió a decir: "Donde canta loro real sí canta cucarachero". Y seguramente por esa vena es por donde le viene lo quijotesco a Andrés. Mide dos metros y mira desde lejos. Amable pero templado. Conocedor y galopador de su tierra en más de tres salidas. Culto, pero sin títulos y ninguna condecoración. Poeta y pintor pero honesto político. Entre otras muchas pruebas de su quijotismo está la ardorosa defensa de nuestra música nacional y de la Orquesta Sinfónica de Venezuela, de lo cual ha quedado un valiente y venezolanísimo testimonio en nuestra reciente historia cultural. Lo de Sancho le viene de la tierra, del juego de truco y las bolas criollas, de su fresca espontaneidad de personaje popular, querido y respetado en Miranda y otras latitudes.

Señor Presidente, claro que Miranda puede tener un gobernador: mi hermano Andrés. Tiene la prestancia, el conocimiento y el guáramo que se requieren para regir nuestra región. Y lo respalda una poblada [sic] y esa sólida formación del sanchismo-quijotismo de la que doy rotundísima fe.

Atentamente,
Alejandro Aguilar [firma ilegible], cédula 623.430

PD: Lanzo este mensaje a propósito de la democracia directa, la mejor democracia. Es auténtico.

Aparece luego la dirección del remitente en Los Teques, capital del estado Miranda.

La mentira con descaro

Alguien a quien no puedo recordar me envió un recorte con la advertencia "¡LEE ESTO!". En ambos lados de la página. Se trata de la copia fotostática de una carta que el Frente de Trabajadores Copeyanos envió al ministro de Hacienda, Luis Ugueto, el 5 de marzo de 1980. Paso a transcribirla:

El Comando Nacional de Obreros Dependientes del Estado tiene la ocasión de presentarle un cordial saludo clasista y revolucionario, al mismo tiempo hace propicia la oportunidad para solicitarle su más generosa ayuda económica para sufragar en parte los gastos de las elecciones del sindicato Suode. Asimismo, muy encarecidamente le pedimos que interponga sus buenos oficios ante su digna esposa, a fin de que por intermedio del Comité de Damas del Ministerio y a través del compañero Pedro Briceño, que va en la plancha Nº 2, se les ofrezca a los obreros conseguirles ayudas, becas, viviendas en el Inavi, no importa que después no se les dé nada. Cuente con nosotros, compañero, esta ayuda que le estamos pidiendo a usted también se la hemos pedido a los demás ministerios y nos la han dado.

Sin más a que hacer referencia, le damos nuestras más expresivas gracias por la buena colaboración que se sirva prestarnos en estos momentos cuando, aunque sabemos que tenemos las elecciones perdidas, podemos asegurarle que tenemos la esperanza de hacer un buen papel en bien del partido, pero necesitamos su ayuda, le ratificamos nuestra firme convicción partidista.

Por el Comando Nacional,

Jacinto Cabeza (Secretario General), Tomás Guerra (Secretario de Organización)

Estos italianos

El estupendo cine italiano de los años 60 y 70, en el que brillaban Vittorio Gassman, Marcello Mastroianni, Ugo Tognazzi, Alberto Sordi y Nino Manfredi como estrellas del humor, nos ofreció una imagen del italiano conquistador, machista y, como tal, muy pagado de sí mismo y de sus dotes sexuales. Según parece, esas pretensiones no quedaron solo en la comedia cinematográfica, sino que pasaron a mayores hasta el punto de crear un conflicto en la Comunidad Económica Europea. Un recorte (por llamarlo de alguna manera ya que está bastante mal recortado) que conservé de una noticia publicada el 29 de abril de 1991, en *El Nacional*, lleva este título: "CEE podría denunciar a Italia por decretar condones más grandes".

Reproduzco la información:

"Roma, 26 abril (EFE). Italia podría ser denunciada ante el Tribunal de Justicia de La Haya por haber 'decretado' que los preservativos nacionales deben tener unas medidas más grandes que las establecidas por la Comunidad Europea (CE). El decreto del Ministerio de Sanidad italiano ha originado una interpelación por parte del diputado Hubert Corsi, quien ha preguntado al ministro Francesco De Lorenzo, cómo pretende tutelar los legítimos derechos de aquellos que corren el riesgo de encontrarse fuera de la ley por decreto. Corsi, que afirma que sobre ciertas cosas no se bromea ya que es una cuestión de centímetros arriba o centímetros abajo, señala en su pregunta que los afectados pueden organizarse en un sindicato y pedir al Estado indemnización por la invalidez decretada.

"El diputado también pregunta qué podrían pensar las parejas cuando descubran 'sobre todo él, que las dimensiones del condón son excesivas'.

"Descubrir que un preservativo es de dimensiones excesivas debe provocar una situación, al menos, embarazosa. La primera sensación puede ser muy fuerte si no se dan cuenta inmediata-

FRENTE DE TRABAJADORES COPEYANOS

COMANDO NACIONAL DE OBREROS DEPENDIENTES DEL ESTADO

Esquina de Capuchinos - Edificio Don Miguel, Piso 7 - Teléfonos: 454652 - 451846 - 451681

CARACAS, 3 de Marzo de 1980

Compañero Dr.
Luis Ugueto
Ministro de Hacienda
Su Despacho.

El Comando Nacional de Obreros Dependientes del Estado, tiene la ocasión de presentarle un cordial saludo clasista y revolucionario, al mismo tiempo hace propicia la oportunidad para solicitarle su más generosa ayuda económica para sufragar en parte los gastos de las elecciones del Sindicato SUODE, así mismo muy encarecidamente le pedimos interponga sus buenos oficios ante su digna esposa a fin de que por intermedio del Comité Damas del Ministerio y a través del compañero Pedro Briceño, que va en la plancha Nro.2, se le ofrezcan a los obreros conseguirles ayudas, becas y viviendas en el Inavi, no importa que das pues no se les de nada, cuente con nosotros. Compañero esta ayuda que le estamos pidiendo a Ud. también se la hemos pedido a los demás Ministerios y nos las han dado.

Sin más a que hacer referencia, le damos nuestras más expresivas gracias por la buena colaboración que se sirva prestarnos en estos momentos cuando aunque sabemos que tenemos las elecciones perdidas, podemos asegurarle que tenemos la esperanza de hacer un buen papel en bien del partido, pero necesitamos de su ayuda, le ratificamos nuestra firme convicción partidista.

POR EL COMANDO NACIONAL.

Jacinto Cabás   Tomás Guerra
Sec. General   Sec. Organización

mente de que no es una cuestión de pequeñas medidas personales, sino que la goma es demasiado grande. El diputado cree que además el decreto puede crear complejos a los turistas.

"El Ministerio para la Política Comunitaria ha subrayado que se trata solamente de un problema de seguridad y de mayor protección. Tienen medidas más grandes solo para dar mayor tranquilidad a los ciudadanos. El Departamento de Sanidad, sin embargo, no ha hecho ninguna declaración y, de momento, se desconoce cuál es la medida estándar decretada para el condón nacional. 'Si De Lorenzo ha establecido estas medidas, tendrá sus razones', justificó el 'señor condón' al diario del ex Partido Comunista".

Amnesia por extenuación sexual

Dentro de la misma onda de noticias asombrosas que tienen que ver con el sexo, apareció esta en *El Nacional* de Caracas, de fecha 14 de abril de 1979. Por cierto, no muy destacada a pesar de lo delicado del tema.

La información originada en la ciudad de Nueva York –(Latin-Reuter)–revelaba que las relaciones sexuales pueden provocar una forma de amnesia tanto a hombres como mujeres, según informó un médico de esta ciudad. "En una carta enviada al renombrado *Journal of Medicine*, de Nueva Inglaterra, el doctor Richard Mayeux, del Instituto de Neurología local, dijo que estaba atendiendo a dos pacientes que recientemente habían sufrido una forma de amnesia provocada por relaciones sexuales".

"La perturbación, conocida bajo el nombre de amnesia global transitoria, es provocada generalmente por una insuficiente irrigación sanguínea del cerebro y suele registrarse luego de un extenuante esfuerzo físico. El doctor Mayeux dijo que una paciente de 64 años de edad sufrió una ligera desorientación luego de mantener relaciones sexuales con su esposo y no pudo reconocer elementos del ámbito hogareño durante varias horas.

"El otro paciente, un hombre de 47 años, deambuló durante largo rato por dependencias de su hogar en evidente estado de semiinconsciencia, tras mantener relaciones sexuales con su esposa, añadió el médico. Señaló que ambos pacientes recuperaron la memoria en pocas horas y no deben estar preocupados por sufrir una nueva amnesia de origen sexual. Ello suele ocurrir una sola vez en la vida, dijo Mayeux en su informe".

Mi modesta opinión es que no tiene la culpa el loco sino el que le da el palo. ¿Cómo se puede creer en la seriedad de un *Journal of Medicine* que publique el insólito informe del doctor Mayeux, con apenas dos casos de pérdida de memoria supuestamente por extenuación sexual? Si esa aseveración tuviese alguna base científica, el mundo estaría lleno de desmemoriados y desmemoriadas

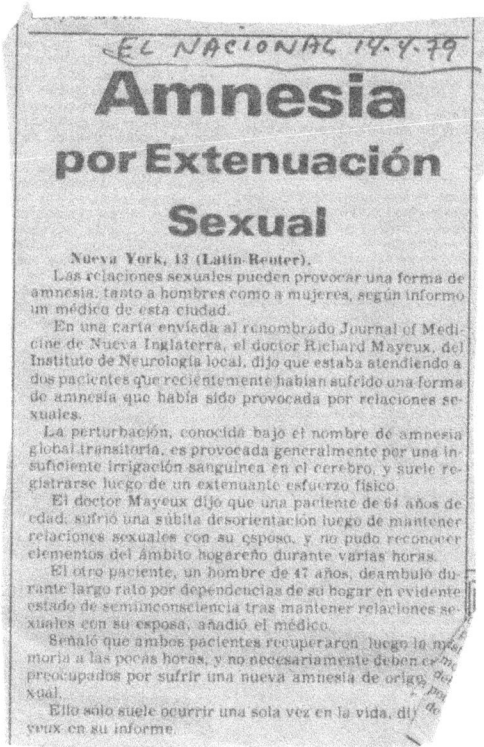

y se podría identificar a los más sexualmente activos solo por lo desorientados que anduvieran.

¿Predestinado?

Cada país y, dentro de cada país, cada región, puede tener una manera diferente de referirse a los órganos genitales femenino y masculino. En América Latina el asunto puede llegar a ser realmente embarazoso, ya que palabras de uso común y por demás inocentes en unos países pueden tener connotaciones bastante obscenas en otros.

No voy a extenderme en las diferentes formas de vulgarizar, por ejemplo, el órgano genital femenino en distintos lares. Me limitaré solo a Venezuela, donde la forma más frecuente y usual es el apellido del autor del interesante artículo "Los programas de planificación familiar y la disminución de la fecundidad", publicado en diciembre de 1980 en la revista *Finanzas y Desarrollo*. El artículo no indica la nacionalidad de quien lo escribe, Roberto Cuca. Sin lugar a dudas se trata de alguien no venezolano ya que habría tenido que cambiar de apellido o de país.

Drama de un hijo del Sol Naciente

El 7 de enero de 1980, en un minúsculo aviso aparecido en un diario que no se identifica, se publicó la apertura de un juicio ante el Juzgado Tercero de Primera Instancia en lo Civil de la Circunscripción Judicial del Distrito Federal y Estado Miranda, a cargo del juez Dr. Oscar Monagas Echeverría. El juicio fue intentado por el ciudadano Yoshiaki Kaga Sekine, quien solicitó el cambio de su apellido y al efecto alegó: "(...) que ha venido usando en todos sus documentos públicos y privados en su país de origen, Japón, pero sucede que desde que llegó a Venezuela y obtuvo la documentación de identidad, el apellido, atendiendo a la fonética del español, ha sido desde el comienzo de sus actividades mercantil y social, objeto de interpretaciones tendenciosas y denigrantes que han influido notablemente en su personalidad, dado que su apellido paterno lo expone abiertamente al ridículo y, por consiguiente, crea en él un complejo de inferioridad, por lo que solicita que se le suprima el apellido paterno por el de Yoshiaki Sekine. En tal virtud este tribunal emplaza a cuantas personas tengan interés en el asunto para que comparezcan por ante este juzgado a las 10 am de la décima audiencia siguiente a la publicación del presente edicto, a fin de que tenga lugar el acto de la contestación de la demanda".

Los programas de planificación familiar y la disminución de la fecundidad

¿En qué contribuyen estos programas a la disminución de la fecundidad? Valiéndose de datos de 63 países en desarrollo, el autor examina ciertos factores vinculados con la experiencia de tasas de natalidad decrecientes y estudia las implicaciones que ello tiene para las autoridades.

Roberto Cuca

El mundo en desarrollo, en su conjunto, experimentó un aumento permanente de la población desde 1945 hasta los últimos años sesenta. La tasa se estabilizó entonces alrededor del 2,4 por ciento anual y mediados los años setenta bajó al 2,3 por ciento. Aunque esta baja pueda no parecer espectacular, el cambio de tendencia que supone es de importancia enorme en la historia de la población. Por primera vez en la época moderna, la tasa de crecimiento demográfico baja en vez de aumentar. (Pero es claro que aún a esta tasa moderada, la población mundial seguirá creciendo con rapidez, así que no se debe confundir una disminución de la fecundidad con una disminución de la población.)

El aumento continuado de la tasa de crecimiento demográfico de la mayoría de los países en desarrollo en la época posterior a la segunda guerra mundial se debió a una baja sostenida de la mortalidad, en tanto que la fecundidad seguía constante o incluso aumentaba un tanto hasta alrededores de los años 1960. Los datos sobre fecundidad para fines de este artículo se basan en esti-

maciones del número total de nacidos vivos que podría tener una mujer durante su vida si continuaran sin modificación las tasas de fecundidad actuales para cada edad específica. Durante los años sesenta, la fecundidad empezó a decrecer, pero no tan rápidamente todavía como la mortalidad; no fue sino hasta los años 1970 cuando la baja de la fecundidad superó a la mortalidad decreciente y la tasa de crecimiento demográfica empezó finalmente a hacerse más lenta.

Este artículo se basa en un estudio del Banco Mundial de 63 países en desarrollo para determinar las condiciones que pudieron haber dado lugar a la disminución de la fecundidad en el mundo en desarrollo durante los dos últimos decenios. Hay tres resultados principales que son de tomar en cuenta por las autoridades políticas: las tasas de natalidad donde más bajaron fue en los países que habían adoptado y puesto en práctica políticas de planificación familiar y programas con objetivos demográficos específicos; y donde menos disminuyeron fue en países sin programas de planifica-

ción familiar. El análisis también hace ver que la adopción y puesta en práctica de programas de planificación familiar, así como su buen éxito, estaban directamente relacionados con el desarrollo socioeconómico de cada país. (Tal desarrollo se midió mediante indicadores clave tales como inscripción escolar, nivel de salubridad y de nutrición, ingreso, ocupación, saneamiento y urbanización y la condición social de las mujeres.) Aunque es difícil establecer los distintos papeles que desempeñan el nivel de desarrollo y los programas de planificación familiar en la baja de las tasas de natalidad, las implicaciones del estudio para la adopción de políticas son que la práctica de la planificación familiar y la consiguiente disminución de la fecundidad dependen ambas de que se puedan ofrecer servicios efectivos de planificación familiar y de que haya suficiente demanda de los mismos. Los resultados también indican que los programas de desarrollo socioeconómico y de planificación familiar se deben perseguir simultáneamente si es que la fecundidad ha de decrecer en el futuro.

Factores críticos

Los 63 países abarcados en el análisis tienen poblaciones de cinco o más millones. Representan aproximadamente el 95 por ciento de la población del mundo en desarrollo o cerca del 67 por ciento de la población total del mundo. El gráfico indica la asociación entre el grado del empeño oficial de un país en reducir la fecundidad —mediante una política y un programa de planificación familiar específicamente encaminados a reducir las tasas de natalidad— y la disminución de su tasa de natalidad en el período 1960–77. De los 26 países con una política específica de población 20 lograron una considerable reducción de la tasa de natalidad (del 10 por ciento o más durante el período del análisis); de los 19 países con política de población pero sin objetivo específico de reducción de nacimientos, solamente 6 tuvieron reducción apreciable de la tasa de natalidad; y de los 18 sin ninguna política de población, solamente 2 experimentaron reducción importante de la tasa de natalidad.

También surge una clara asociación entre el nivel de desarrollo socioeconómico de un país y la reducción de su tasa de natalidad. Dieciocho de los 20 países clasificados como relativamente desarrollados tuvieron reducciones considerables de la tasa de natalidad, en tanto que solamente 10 de los 23 países de nivel medio y ninguno de los 20 de nivel bajo tuvieron baja notable de las tasas. Hay una correlación parecida entre las tasas de natalidad bajas y los ingresos nacionales por habitante. Nueve de los 13 países de ingreso elevado por habitante (más de $1.000) en 1977 tuvieron reducciones notorias de la tasa de natalidad; 16 de los 30 situados en el intervalo de ingresos medianos (de $250 a $1.000) lograron igual resultado; y solamente 3 países de los 20 del grupo de bajos ingresos (me-

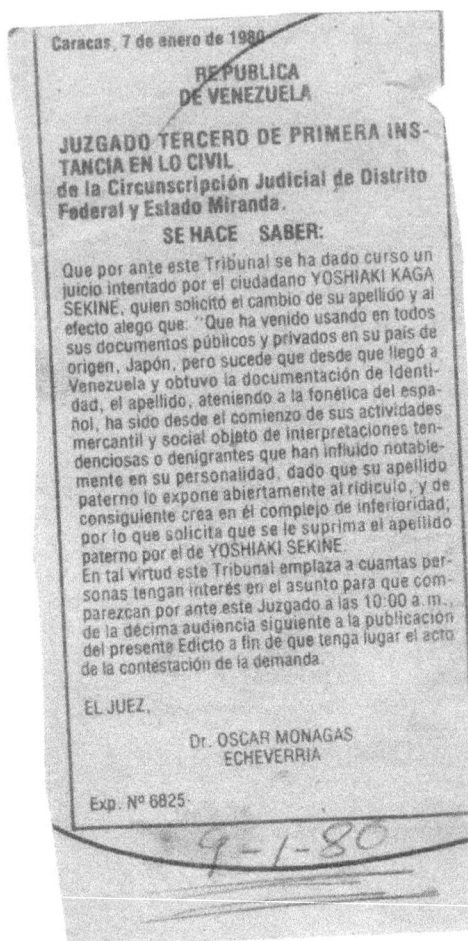

Caracas, 7 de enero de 1980

REPUBLICA
DE VENEZUELA

JUZGADO TERCERO DE PRIMERA INS-
TANCIA EN LO CIVIL
de la Circunscripción Judicial de Distrito
Federal y Estado Miranda.

SE HACE SABER:

Que por ante este Tribunal se ha dado curso un juicio intentado por el ciudadano YOSHIAKI KAGA SEKINE, quien solicitó el cambio de su apellido y al efecto alego que: "Que ha venido usando en todos sus documentos públicos y privados en su país de origen, Japón, pero sucede que desde que llegó a Venezuela y obtuvo la documentación de Identi- dad, el apellido, ateniendo a la fonética del espa- ñol, ha sido desde el comienzo de sus actividades mercantil y social objeto de interpretaciones ten- denciosas o denigrantes que han influido notable- mente en su personalidad, dado que su apellido paterno lo expone abiertamente al ridículo, y de consiguiente crea en él complejo de inferioridad; por lo que solicita que se le suprima el apellido paterno por el de YOSHIAKI SEKINE.
En tal virtud este Tribunal emplaza a cuantas per- sonas tengan interés en el asunto para que com- parezcan por ante este Juzgado a las 10:00 a.m., de la décima audiencia siguiente a la publicación del presente Edicto a fin de que tenga lugar el acto de la contestación de la demanda.

EL JUEZ,

Dr. OSCAR MONAGAS
ECHEVERRIA

Exp. N° 6825

9-1-80

El día que arrestaron al ciudadano juez

El abuso de poder siempre ha sido una tentación, pero en los países que carecen de la tradición y conciencia democráticas que obligan al respeto de las leyes, esa práctica se produce y reproduce con lamentable frecuencia. Tal fue un caso de embargo en un inmueble, que con fecha 23 de julio de 1987 debió practicar un juez no identificado en la información que publicó la revista *Reporte Privado*. El tribunal con los funcionarios del mismo, identificados en la nota, se trasladó al apartamento donde debía practicarse la

El día que arrestaron al ciudadano juez

"En el día de hoy, veintitrés de julio de mil novecientos ochenta y siete, siendo la fecha y la hora acordadas en el auto anterior para la práctica de la entrega material acordada por este Tribunal, previa la habilitación del tiempo necesario por haber sido jurada la urgencia del caso por la parte interesada, se trasladó y constituyó el Tribunal en compañía de los doctores **Norma Ruggiero Sacco, Haydée Lorenzo de Quintero y Pedro José Rodríguez**, plenamente identificados en autos, a la siguiente dirección: Apartamento N° 9, Edificio Maria, Piso 4, etc., etc., etc.

ranza **Martínez Ontiveros**, quien se identificó al Tribunal como Jefe Civil de la Parroquia Sucre, quien le manifestó al Tribunal que por orden de ella no iba a permitir este tipo de acto con este tipo de procedimientos y con su fuerza policial iba a impedir el acto que se realizaba.

"En este estado, los apoderados actores exponen: "Con gran extrañeza hemos podido observar en este acto que a través de unos funcionarios que se identifican como adscritos a la Presidencia de la República, a la Policía Técnica Judicial, a la Policía Metropolitana y a la Jefatura Civil de la Parroquia..."

el pasado jueves 6 o si Parque Central, a favor de la unidad de AD, auspiciado por Iaís Piñeríu, tuvo las siguientes notas características.

● Excelente discurso de Piñerúa, aclamado especialmente en sus alusiones a la corrupción, a "los poderes detrás del trono" y cuando mencionó a Carlos Andrés Pérez.

● Escaso entusiasmo a la hora de ser mencionado Octavio Lepage.

● Fuertes discusiones en privado, y tras bastidores, entre los diversos bandos, incluso con conatos de puñetazos y agresiones personales.

■ **La Primera Dama en El Policlínico?** Se da como un hecho que la Primera Dama, Gladis Castillo de Lusinchi, asista al acto de Carlos Andrés Pérez programado en El Poliedro para el próximo 31 de agosto. Gladis de Lusinchi es vieja militante de AD y está identificada con la precandidatura del ex Presidente de la República.

---

medida, vivienda esta ocupada por un chofer adscrito al palacio presidencial de Miraflores. Cuando estaba por practicarse el embargo acudieron para impedirlo, en este orden, los siguientes funcionarios: una comisión del Cuerpo Técnico de Policía Judicial al mando del detective Carlos Alí Cordido Salazar, quien manifestó que le dieron órdenes de trasladarse al sitio, ya que "había un juez con problemas con otros funcionarios"; el ciudadano Antonio Enrique Escalona Álvarez, quien se identificó como funcionario de la Disip y dijo que venía por órdenes de la secretaria privada del presidente de la república, manifestándole que "había algo raro que tratara de averiguar". "De seguidas el Juzgado deja constancia de que se presentó una ciudadana con uniforme de la Policía Metropolitana, quien le dijo al ciudadano juez que no podía retirarse, por orden de Operaciones. Igualmente se encuentra presente el ciudadano Publio Díaz, Oficial Inspector Jefe, adscrito a la Zona Policial N° 2 de la Policía Metropolitana. En este estado hizo acto de presencia la ciudadana María Esperanza Martínez Ontiveros, quien se identificó ante el tribunal como Jefe Civil de la Parroquia Sucre, quien le manifestó al tribunal que por orden de ella no iba a permitir este tipo de acto con este tipo de procedimientos y con su fuerza policial iba a impedir que el acto se realizara. En este estado los apoderados dejaron constancia de su extrañeza por la proliferación de funcionarios policiales y civiles que, extralimitándose en sus funciones, han impedido que el ciudadano juez y el tribunal ejercieran funciones propias del Poder Judicial y que el Poder Ejecutivo no debe inmiscuirse en cuestiones propias del Poder Judicial. Pidieron al tribunal abrir una averiguación de nudo hecho contra los mencionados funcionarios y que sean enjuiciados de acuerdo con la ley".

"Seguidamente el tribunal deja constancia de que hace acto de presencia el coronel de la Guardia Nacional Valmore Rodríguez Lares, jefe de la División de Operaciones de la Policía Metropolitana. Mientras el tribunal procedía al inventario de los bienes, el coronel Valmore Rodríguez Lares le manifestó al tribunal que: 'Por orden de él, quien le haga caso al juez va detenido, incluso el juez si continúa practicando la medida'". Continúa la nota informativa diciendo que el tribunal suspendió parcialmente la medida que estaba practicando por impedírselo la fuerza púbica, pero la reanuda y !!!!! (en negritas en el artículo): **"En este estado el tribunal interrumpe el acto de la medida que está practicando por cuanto el juez ha sido arrestado y conducido por orden del comandante de la Policía Metropolitana, con sede en Cotiza, cumpliendo la orden del coronel (GN) Valmore Rodríguez Lares (...)".**

Para la fecha en que ocurrieron los hechos, es decir el embargo a un chofer de Miraflores que moviliza a todos los cuerpos policiales y conduce detenido a un juez por cumplir con la ley, la secretaria privada del presidente de la república era la señora Blanca Ibáñez.

Una personalidad acusada de canicidio

Luis Felipe Ramón y Rivera fue un ilustre tachirense, músico, musicólogo y compositor nada menos que del segundo himno o himno sentimental del Táchira: "Brisas del Torbes". Junto con su esposa, Isabel Aretz, dedicó la mayor parte de su vida a investigar y recopilar el folklore musical de la América Latina, desde la época prehispánica, y juntos crearon la Fundación Internacional de Etnomusicología y Folklore (Finidef).

Pero en Venezuela nadie, ni siquiera una personalidad tan ilustre, se salva de las críticas destructivas, chanzas y acusaciones. A mis manos llegó un carta que, no puedo saber cómo ni por qué, aparece como quemada o manchada en sus cuatro extremos, de manera que es imposible saber en qué año fue escrita. Pero fue en un mes de septiembre y lo que se lee sin ninguna dificultad que cause dudas es la firma del remitente: Luis Felipe Ramón y Rivera. El título de la carta es: "Contestación a las quejas por la perra ultimada". A un lado se lee: "En vista de que alguien interesado en desfigurar la verdad quitó esta defensa de la cartelera, tengo que repartirla de mano en mano. Vale".

La carta se divide en cinco puntos y uno final, los que paso a transcribir:

"1. La muerte de ese animal no fue un acto de crueldad, pues murió instantáneamente como cualquier mortal. Mucho más cruel es dar a los perros un veneno que los mata lentamente. [Se infiere que la perra murió por un disparo].

"2. El señor administrador, por indicación de la Dirección, ha solicitado a las autoridades sanitarias limpiar la institución de esos animales y solo se espera para ello el acuerdo entre la Perrera Municipal y el IMAU [Instituto Metropolitano de Aseo Urbano].

"3. Quien firma esta respuesta actuó *motu proprio*, sin consulta a la directora, y lo hizo consciente de un deber: limpiar el CCPYT, no solo en lo moral, sino en lo material. Porque aquí se amontonaba la basura constantemente, no hay agua, en una habitación del fondo comen y duermen a veces no solo empleados del cuerpo de vigilancia, sino personas desconocidas. Todo a espaldas de la Dirección... Ese lugar no es un modelo de limpieza. Y a la suciedad se suma además el delito pues ya son muchos los robos de objetos valiosos, sin que podamos saber quién o quiénes los cometen en horas de la noche.

"4. La eliminación de las perras es tan necesario como evitar que los jardines y la casa en general siga siendo invadida por esos animales. El espectáculo de la cópula de los perros, con toda su secuela de ladridos, aullidos, peleas y escándalo, no podemos tolerarlo en esta institución a la que acuden niñas, señoritas y señoras. A los hombres –a algunos– los puede divertir eso. También les pueden gustar espectáculos como la "Lambada". A mí no, detesto la vulgaridad y la cópula perruna es algo muy vulgar.

"5. Las almas cándidas, o fingidamente sensibles, que comen carne, pollo o pescado todos los días, lo hacen sin pensar en la horrible crueldad que implican el acto de la pesca y los mataderos de animales. Pero 'ojos que no ven, corazón que no siente' y la humanidad se ha acostumbrado a este tipo de hipocresía.

"Punto final: A las personas adoloridas por el acto necesario que protagonicé, les puedo pedir que se encarguen de llevarse a sus hogares siquiera uno de los perritos que quedan, para librarlos del veneno de las autoridades sanitarias.

"[Firma muy legible] Luis Felipe Ramón y Rivera".

Congreso de locos en Perú

El 5 de diciembre de 1994, el diario *El Universal* de Caracas publicó una noticia proveniente de Lima y difundida por la AFP. La misma refería que "las propuestas viables para solucionar los problemas más graves del Perú, que fueron debatidas y aprobadas en el Primer Congreso Peruano de Locos, celebrado en la localidad norteña de Monsefú, el miércoles 30, serán entregadas al presidente Alberto Fujimori, se informó".

"Limber Chevo Ballena, presidente de la Asociación de Curanderos del Departamento de Lambayeque, 600 kilómetros al norte de Lima, que organizó el certamen que concluyó el 1º de diciembre, dijo que en la cita participaron 'locos de probada locura, alocados y los que hayan tenido crisis que los llevó a un tratamiento especializado'. La 'Ciudad de las Flores', Monsefú, a

14 kilómetros de la capital lambayecana de Chiclayo, con crecido número de brujos y curanderos, fue escogida como el escenario de ese original certamen que no tiene precedentes.

El organizador, Chevo Ballena, dijo que en la reunión se buscó el aporte de los locos con propuestas viables 'que serían llevadas al palacio de gobierno para consideración del jefe del Estado'. 'La voz de los locos también debe escucharse porque entre locura y locura pueden tener mejores propuestas que los cuerdos', puntualizó.

"Precisó que es requisito indispensable para participar en la cita ser 'loco de probada locura' y al momento de inscribirse el postulante debía presentar una moción o propuesta para ser discutida en el evento que originó inusitada expectativa en la región".

Ayuda al estudiante vago

En la sección "Carrusel internacional" del diario *El Nacional*, del 18-11-1990, se publicó la siguiente nota: "El éxito de un manual para el estudiante vago". "Cómo copiar en clase sin ser descubierto es, entre otras mañas, lo que explica un profesor español en un libro cuya primera edición –de 4.000 ejemplares– está a punto de agotarse. El *Manual práctico para el estudiante vago* expone con todo lujo de detalles el 'arte de copiar'. Su autor, el profesor Julio Gregorio Pesquera –que no admite que sus alumnos se copien–, entiende sin embargo que lo intenten en un sistema educativo en que los 'chavales' deben estudiar cosas inútiles durante 33 horas por semana. Un capítulo está dedicado al más antiguo de los artilugios del 'copión': la clásica 'chuleta', como llaman en España al minúsculo papel fácil de esconder, que lleva escrito los datos y fórmulas que hay que saberse de memoria. Julio Pesquera recomienda el uso de papel tenue, para hacerlo desaparecer fácil y rápidamente, y menciona métodos más sofisticados como llevarla en una funda de plástico que se oculta en la manga y se maneja y consulta con la ayuda de un hilo. Material de 'copia' más moderno lo constituyen el 'walkman', que se puede ocultar en ropas amplias, la transmisión radial y el diccionario electrónico".

El Museo del Carajo en Cali, Colombia

En *El Diario de Caracas* del 26 de noviembre de 1992, apareció la siguiente nota con el antetítulo "¡Sirve para reírse!" y como título: "El Museo del Carajo cumple 17 años en Cali, Colombia".

"El Museo del Carajo (tomadura de pelo en el hablar colombiano) es un singular establecimiento que hace 17 años fue concebido para hacer reír y que se yergue a pocos kilómetros de esta ciudad del suroeste colombiano. Su propietario, José Alonso Rodríguez, tipógrafo jubilado de 76 años, tras un recorrido por Europa, decidió abrir un local del absurdo para oponerse a la seriedad y acartonamiento de los museos tradicionales cuyos vigilantes y empleados observan sospechosamente a los visitantes entre cartelitos de 'no tocar'.

"De entrada un aviso advierte que si está cerrado, que se busque a Olmedo, su portero, en cualquier parte de Felidia, nombre del caserío donde se levanta el museo, para ingresar al cual deben pagarse apenas 299 pesos (unos 42 centavos de dólar). En su interior, con cierto desorden premeditado y bajo la advertencia de que 'aquí todo es cierto pero nada es verdad', se exhiben objetos religiosos e históricos de los cuales todo el mundo ha oído hablar pero que nadie ha visto jamás.

Carrusel internacional

El éxito de un manual para el estudiante vago

Cómo copiar en clase sin ser descubierto es, otras mañas, lo que explica un profesor español en bro cuya primera edición —de 4.000 ejemplares— punto de agotarse. El **Manuel practico para el estu** vago expone con todo lujo de detalles el "arte" de c Su autor, el profesor Julio Gregorio Pesquera —c admite que sus alumnos copien— entiende, sin em que lo intenten en un sistema educativo en el que "l vales deben estudiar cosas inútiles durante 33 hor semana". Un capítulo está dedicado al más antiguo artilugios del "copión": la clásica "chuleta", como en España al minúsculo papel, fácil de esconder, q escritos los datos y fórmulas que hay que saberse moria. Julio Pesquera recomienda el uso de papel para hacerlo desaparecer fácil y rápidamente, y me métodos más sofisticados, como llevarla en una fu plástico que se oculta en la manga y se maneja y c con ayuda de un hilo. Material de "copia" más m lo constituyen el "walkman", que se puede oculta pas amplias, la transmisión radial y el diccionario nico. ....

EL DIARIO

Sirve para reirse

El Museo del carajo cumple 17 años en Cali, Colombia

Cali, Colombia. "El Museo del Carajo" (tomadura de pelo), es un singular establecimiento que hace 17 años fue concebido para hacer reir y que se yergue a pocos kilómetros de esta ciudad del suroeste de Colombia.

Su propietario, José Alonso Rodríguez, tipógrafo jubilado de 76 años, tras un recorrido por Europa, decidió abrir un local del absurdo para oponerse a la seriedad y acartonamiento de los museos tradicionales, cuyos vigilantes y empleados observan sospechosamente a los visitantes entre cartelitos de "No tocar".

De entrada, un aviso advierte con desenfado que si está cerrado, que se busque a Olmedo, su portero, en cualquier parte de Felidia, nombre del caserío donde se levanta el museo, para ingresar al cual deben pagarse apenas 299 pesos (unos 42 centavos de dólar). En su interior, con cierto desor-

183

"Destacan una pila o batería para el 'traje de luces' de los toreros, la brocha con la que 'se pintó' el mar Rojo, comprada a un comerciante hebreo. El champú para el mar Caspio, una foto de la fuga de Bach cedida por el FBI, grabaciones del canto del gallo cuando Pedro negó a Jesucristo y del concierto de trompetas con que Josué derribó las murallas de Jericó. Con celo se cuidan las ropas rescatadas del *Bolívar desnudo*, monumento al Libertador erigido en la ciudad de Pereira, pedazos de cadenas que representan los restos del Muro de Berlín, y dos pesadas ruedas de cojinetes que usaba como aretes Margaret Thatcher, la Dama de Hierro, amén del sonido exacto del minuto de silencio.

"Sitio especial ocupan la olla en que se cocinó el 'Dulce Jesús mío', el nido del 'Ave María', una bala del cañón del Colorado, el proyectil que mató al soldado desconocido, la factura de la Última Cena y el corpiño del seno de Abraham. Figuran además una garra de la Osa Mayor, la propaganda del exportador de platones, toallas y jabones de Poncio Pilatos, los galones del uniforme del cabo de Hornos, sin olvidar la otra parte del medio ambiente. Al lado aparecen la piedra del escándalo, la lira de Nerón, las llaves de la ciudad, el honor perdido, mezclados con caricaturas y afiches que despiertan sonrisas, como uno donde Washington y Bolívar se comunican por teléfono que han acabado con la esclavitud, aunque abajo reza: '¡Mentira, la redujeron a 8 horas!'.

"Rodríguez, que junto a su esposa, dos hijos y un ayudante busca en forma permanente nuevos objetos para enriquecer el patrimonio del museo, trabaja actualmente en un proyecto intitulado La Catedral, nombre de la prisión de la que se escapó en julio pasado el confeso narcotraficante Pablo Escobar".

Club Internacional de Hombres Opacos

En *El Nacional* del 10 de julio de 1982, una noticia proveniente de Rochester, EEUU, y de la agencia UPI:

"Jim Stewart, presidente del 'Club Internacional de Hombres

Opacos', planea escribir una parodia del famoso diccionario de personalidades *Quién es quién en América*. Su libro de titulará *Quien es nadie en América*. Stewart, que es un especialista en estadísticas de la compañía Eastman Kodak en esta ciudad del estado de Nueva York, dice que su color favorito es, opacamente, el gris.

"Declara que ser un hombre opaco es una cuestión de estilo más que de habilidad mental y explicó: 'Un excitante fin de semana para un hombre opaco es pintar un estante para libros o jugar con los niños. Yo, por ejemplo, adoro dedicarme a preparar abono para el jardín'".

Venezolanos por Nacimiento (Auncven)

La carta que se reproduce carecería de cualquier interés si no fuera por el significado de las siglas que la encabezan, "Auncven". ¿Su significado? "Asociación Única Confederada de Venezolanos por Nacimiento".

Podríamos intuir, si no hubiese una distancia de 30 años, que la presidenta de esa asociación adivinaba ya el galimatías que sería la nacionalidad de un presidente de la república llamado Nicolás Maduro. Aunque lo que en realidad se entiende es que la señora Fermina López, presidenta de Auncven, y los demás integrantes de la misma –si es que los había– sufrían de xenofobia *gravis*.

La seguridad se va de fiesta

He colocado en una misma página dos recortes con alguna relación entre sí ya que ambos tienen que ver con el espíritu fiestero que pueden tener los cuerpos de seguridad del Estado y los más altos funcionarios, incluso aquellos a quienes corresponde la defensa armada de la nación.

Un lunes 31 de abril, sin poder determinar el año por mi ya explicada dificultad para recortar adecuadamente, *El Nacional* de Caracas hizo pública la necesidad que tenía el Cuerpo Técnico de Policía Judicial, es decir la policía científica del país, de contar con dos cantantes: un bolerista y un guarachero, para su conjunto musical "Los Detectives", y la consiguiente búsqueda de ambos artistas. La misma no dependía del azar ni de alguna escogencia a dedo: el CTPJ abrió un concurso entre sus funcionarios en búsqueda de un bolerista y un guarachero que puedan ser las estrellas del conjunto.

"Un nutrido grupo de funcionarios –dice la noticia– de las diversas jerarquías y divisiones investigativas se han presentado para demostrar sus inquietudes musicales, pero hasta el momento el jurado no ha dado a conocer su fallo.

"Mientras tanto, un letrero permanece colocado en la puerta principal de la PTJ: 'Solicitamos un bolerista y un guarachero'. Una fuente regularmente bien informada afirmó que solo era cosa de esperar que aparten el miedo escénico y se presenten a concursar. Normalmente en la policía los que cantan son los delincuentes".

Bailando tamunangue se lesionó una pierna el ministro de la Defensa

El 16 de septiembre de 1982, *El Nacional* no tuvo ningún impedimento en revelar que el ministro de la Defensa, general de división Vicente Luis Narváez Churión, bailando el tamunangue, en Barquisimeto, sufrió una lesión en una pierna, "por lo que un equipo de traumatólogos del Hospital Central de las Fuerzas Armadas procedió a enyesarle la pierna para lograr una pronta recuperación".

"La esposa del alto militar, señora Aminta León de Narváez Churión, explicó al mediodía de ayer, cuando conversaba con los periodistas en el almuerzo ofrecido por la Asociación Civil de Damas de las Fuerzas Armadas, la cual preside, que el general Narváez asistió el pasado sábado a un acto social en Barquisimeto donde los presentes bailaron tamunangue. 'Pisó mal y sintió un fuerte dolor debido a una vieja lesión del menisco de la rodilla derecha', agregó.

La PTJ en pos de un bolerista y un guarachero

La Policía Técnica Judicial abrió un concurso entre sus funcionarios en búsqueda de un bolerista y una guarachero que puedan ser las estrellas del conjunto musical "Los detectives" en formación en ese cuerpo policial.

Un nutrido grupo de funcionarios de las diversas jerarquías y divisiones investigativas se han presentado demostrar sus inquietudes musicales, pero hasta el momento el jurado no ha dado a conocer su fallo.

Mientras tanto un letrero permanece colocado detrás de la puerta principal de la PTJ: "Solicitamos a un bolerista y a un guarachero". Una fuente regularmente bien informada afirmó que solo era cosa de esperar que aparten el miedo escénico y se presenten a concursar.

Normalmente, en la policía los que cantan son los delincuentes.

Bailando Tamunangue se lesionó una pierna el Ministro de la Defensa

El Ministro de la Defensa, general de división Vicente Luis Narváez Churión, bailando en Barquisimeto "El Tamunangue", sufrió una lesión en una pierna, cuando bailaba Tamunangue en Barquisimeto por lo que un equipo de traumatólogos en el hospital central de las Fuerzas Armadas, procedieron a enyesarle la pierna para lograr una pronta recuperación.

La esposa del alto militar, señora Aminta León de Narváez Churión, explicó al mediodía de ayer, cuando conversaba con los periodistas en el almuerzo ofrecido por la Asociación Civil de Damas de las Fuerzas Armadas, la cual preside, que el general Narváez asistió el pasado sábado en Barquisimeto a un acto social donde los presentes bailaron "Tamunangue". "Pisó mal y sintió un fuerte dolor debido a una vieja lesión del menisco en la rodilla derecha", agregó.

Cuando el ministro regresó a Caracas, acudió al hospital central de las Fuerzas Armadas. Los médicos que lo atendieron consideraron que la lesión no revestía gravedad y le enyesaron la pierna y le ordenaron un reposo de varios días.

16-9-82
El Nacional

"Cuando regresó a Caracas los médicos determinaron que la lesión no revestía gravedad, pero le enyesaron la pierna y ordenaron un reposo de varios días".

Carta pública Nº 2 a todos los violadores, ladrones, atracadores y secuestradores de Venezuela

Sin duda que esta víctima del hampa llamada Rubén Darío Bustillos Rávago tenía un especial y ácido sentido del humor para enfrentar las tropelías que delincuentes cometieron en su contra. Seguramente para ahorrar espacio, no utilizó en su publicación los punto y aparte, por lo que así mismo la copio. La transcribo como fue publicada en *El Nacional* el 10-11-1989:

"A mi regreso de vacaciones me encuentro, que a pesar de nuestra 'claudicación' ante la arremetida de ustedes en contra de los ciudadanos decentes de este país, se niegan a dejarnos en paz. ¿Pero es que ya se les olvidó nuestro pacto? Ya se cumplieron dos (2) meses del último atraco a mi oficina ¿y qué pasó? Yo solo le suministré a la policía el nombre y la dirección de los sospechosos. Pero ya ven lo que pasó. Tal y como estaba previsto, la policía no los buscó... Veo que el negocio va viento en popa. Por supuesto que con la gracia y desidia del Ejecutivo. La cantidad de 10 muertos diarios en manos del hampa es algo normal. Menos mal que les fracasó la industria del secuestro. Pero no importa, tenemos que igualar o superar a los colombianos. En mi reciente viaje por un país árabe soñé que las leyes de los países musulmanes se les estaban aplicando a los delincuentes venezolanos. La mano del verdugo baja su inclemente cimitarra y una mano del hampón salta al ritmo de los aplausos de un público histérico que plena la plaza mayor. Fue una pesadilla. Vi clarito como muchos colegas suyos, policías, políticos y legisladores, iban quedando mancos. A otros reincidentes les cortaban la otra mano. ¿Ustedes se imaginan la cantidad de mancos que habría en Venezuela? Pero no, fue una horrible pesadilla. También me encuentro con que en las asociaciones

CARTA PUBLICA N° 2

A TODOS LOS VIOLADORES, LADRONES, ATRACADORES Y SECUESTRADORES DE VENEZUELA

A mi regreso de vacaciones me encuentro, que a pesar de nuestra "claudicación" ante la arremetida de ustedes, en contra de los ciudadanos decentes de este país, se niegan a dejarnos en paz. ¿Pero es que se les olvidó nuestro pacto? Ya se cumplieron dos (2) meses del último atraco en mi oficina ¿y que pasó? Yo solo le suministré a la policía, el nombre y la dirección de los sospechosos. Pero ya ven lo que pasó. Tal y como estaba previsto, la policía no les buscó... Veo que el negocio va viento en popa. Por supuesto que con la gracia y desidia del Ejecutivo. La cantidad de 10 muertos diarios en manos del ham-

de FACUR, se decidió despojar a un ministro de su título de "POLICIA"; eso es una injusticia... Muchas felicidades a todos aquellos hampones que masivamente se están fugando de las cárceles. Bienvenidos a este su santuario. ¿Autoridades cómplices?, lo dudo... Esta semana me robaron dos (2) carros. Con estos van seis (6) carros que me roban en menos de un año. ¿Denuncia? ¿Para qué?... El juez Figuera Medina, recientemente, dijo en un programa de T.V. que la industria de robos de automóviles, en el país, es casi tan poductiva como la industria del narcotráfico. Todo el mundo sabe que nuestras fronteras con Co-

de vecinos se está hablando de crear una tal "mano negra". Ustedes tienen que estar alerta. Hay que pedirles una investigación a las autoridades, es el colmo. Ya ni los hampones van a poder trabajar en este país. Por allí se rumorea que en la última reunión de Facur se decidió despojar a un ministro del título de 'Policía' [nota de la autora: era ministro de Relaciones Interiores Alejandro Izaguirre, conocido en todos los ámbitos como el 'Policía' Izaguirre); eso es una injusticia... Muchas felicidades a todos aquellos hampones que masivamente se están fugando de las cárceles. Bienvenidos a este su santuario. ¿Autoridades cómplices? Lo dudo Esta semana me robaron dos (2) carros Con estos van seis (6) carros que me roban en menos de un año. ¿Denuncia? ¿Para qué? El juez Figuera Medina dijo recientemente en un programa de TV que la industria del robo de automóviles en el país es casi tan productiva como la industria del narcotráfico. Todo el mundo sabe que nuestras fronteras con Colombia están abiertas al hampa. Nosotros les vendemos vehículos y ellos nos envían droga. Pero la mejor noticia nos la suministró en TV el director de la PTJ. A esa policía le redujeron su presupuesto de tal forma que tendrá que prescindir de unos 800 funcionarios... Esto es parte de la concertación que tenemos con ustedes, pues quienes tomaron esa decisión pertenecen a los privilegiados que no han sido tocados por las manos del hampa. Son seres diferentes a millones de familias venezolanas que gritan ¡QUE VIVA EL HAMPA!... En cuanto a los policías metropolitanos que en dos (2) jeeps de la PM, el pasado mes de abril, se robaron más de medio millón en mercancía en uno de mis negocios, felicidades; el caso fue cerrado. Sigan atracandito, asesinandito y violandito que así sacaremos al país adelante. Hasta pronto. Su afectísimo conciudadano y amigo, Rubén Darío Bustillos Rávago, CI 993.226".

¿Conservaría el mismo estilo sarcástico el señor Bustillos Rávago ante la ocupación nacional por la delincuencia oficialista, por la organizada y por la desorganizada, 28 años después?

Como si no fueran suficientes Colombia y Guyana

El Diario de Caracas del 28 de julio de 1971 publicó una noticia que parecía extraída de un medio humorístico. El antetítulo: "La policía andina invade territorio petrolero", y luego el titular: "El conflicto fronterizo entre Zulia y Mérida parece agravarse". Más abajo el sumario: "Una comisión de diputados zulianos elaboró un informe sobre la situación y se la presentaron al gobernador y demás autoridades, denunciando incursiones de las autoridades merideñas".

La noticia fue redactada así: "Seguramente que el Ministerio del Interior tendrá que encargarse de un arbitraje que solucione el enfrentamiento limítrofe que hace ásperas las relaciones entre los estados Zulia y Mérida".

"Especialmente los zulianos están muy preocupados por lo que ellos llaman 'pretensiones del estado Mérida de apoderarse de importantes extensiones de tierra en los distritos Colón y Sucre'. Un informe sobre la situación limítrofe entre Zulia y Mérida fue elaborado por una comisión de diputados de la Asamblea Legislativa zuliana que recién fue conocido por el gobernador Gilberto Urdaneta Besson y otras autoridades de ese estado.

"El informe detalla que las autoridades policiales de Mérida han incursionado en territorio del Zulia, creándose problemas sobre jurisdicción a raíz de esos acontecimientos.

"Indican los zulianos que varias actividades organizadas en la zona sur del estado han tropezado con problemas al exigir los merideños que toda la permisología sea tramitada por intermedio de los despachos de la burocracia del estado andino".

Gallina hirió de un disparo a su dueño

Ocurrió en Turén, estado Portuguesa, en agosto de 1981, según lo reseña el diario *El Nacional* del día 5 de ese mes y año. Una gallina que aleteaba en busca del sitio más apropiado para poner su huevo pisó el gatillo de una escopeta de fabricación casera e hirió de gravedad en un pulmón a su dueño, un humilde agricultor de la región. El herido, como era natural, fue trasladado por sus familiares al Hospital Central, donde fue intervenido quirúrgicamente. Menos natural, pero sí pasional, fue la reacción de la familia del señor José Encarnación Rodríguez, nombre del afectado, quienes presa de indignación dieron muerte a la gallina y la lanzaron al basurero. Comentó entonces el periodista Carlos José Ojeda, autor de la nota, que la familia Rodríguez perdió el huevo, la gallina y por poco pierde al jefe de la casa.

Solicitamos testigo de Jehová

Casi por regla general, las personas huyen de los Testigos de Jehová que llaman a las puertas de sus casas, habitualmente los domingos a tempranas horas de la mañana, para dictar sus conferencias proselitistas. Sin querer ni por asomo ofender a los creyentes de esta sección del cristianismo, se debe reconocer que están dotados de una labia infinita, imparable y sobre todo inconmovible. Usted puede decirles que es ateo, judío, musulmán o budista y ellos continúan en el empeño de adoctrinarlo. Pero, como suceso que parecería broma si no fuese un aviso pagado en *El Universal* del 15-11-1982, apareció el que se reproduce en la página siguiente: "Solicitamos testigo de Jehová".

El texto del aviso es el siguiente: "10 personas, damas o caballeros, para venta directa por comisión. Garantizamos altos ingresos, ayuda técnica y profesional. Producto que ayuda a la seguridad del hogar y no va contra tus principios. Horario que no afecta tus actividades de congregación. Presentarse lunes o martes. Dirección: Ave. Fco. de Miranda, Edif. Las Luisas, al lado de la Singer, al frente del Indio Chacao en Chacao".

Beautiful Lady Wanted

En *El Nacional* de un día de marzo de 1978 fue publicado un remitido o aviso pagado, con el titular en inglés, grandes letras y negritas: "Beautiful Lady Wanted". No voy a transcribir el texto en inglés sino su traducción al español: "Solicito bella dama, capaz de hablar excelente inglés, de 25 a 35 años de edad, soltera, liberada, brillante, vivaz, de buen humor y libre. El empleo: Para trabajar en relaciones públicas como asistente de un brillante, creativo, agresivo y temperamental profesor de idiomas de mediana edad. Sueldo: $1.000 o más al mes. Condiciones de trabajo: Horribles, tiene que aguantarme a mí y a mis alumnos. Obligaciones: Hablar hasta por los codos y hacer lo que ella quiera siguiendo mis instrucciones. Llamar al 571.8312, en horas de oficina, para conseguir la dirección e inspeccionarme".

Mujeres al ataque

El Primer Congreso Venezolano de Mujeres, realizado en Caracas en julio de 1975, con motivo del Año Internacional de la Mujer declarado por la ONU, dio lugar a una catarata de propuestas destinadas a mejorar la condición femenina. Como suele suceder, algunas fueron muy serias y ponderadas y otras extremistas y disparatadas.

La verdad es que me ha costado saber en cuál de esas dos ca-

Solicitamos

TESTIGO DE JEHOVA

10 personas damas o caballeros para venta directa por comisión. Garantizamos altos ingresos, ayuda técnica y profesional. Producto que ayuda a la seguridad del hogar y no va contra tus principios. Horario que no afectan tus actividades de congregación. Presentarse lunes o martes. Dirección: Av. Francisco de Miranda, entrada Estacionamiento Las Luisas, Edif. Las Luisas, piso 2, oficina 2E, al lado de la Singer, al frente del Indio Chacao en Chacao.

BEAUTIFUL

LADY WANTED

ABLE TO SPEAK EXCELLENT ENGLISH
25 - 35 YEARS OLD; SINGLE, LIBERATED,
BRIGHT, SHARP, WITTET AND FREE.

THE JOB
To work in public relations assistant to middle-age creative
and brilliant, agressive and temperamental language profes-
sor.
SALARY: U.S. $ 1.000 or MORE
WORKING CONDITION:
Awful. Have to put up with me an my prospective pupils.
OBLIGATIONS:
Talk a hell of a lot.
And do as you please following my instructions
CALL: 571.83. 12 OFFICE HOURS TO GET THE ADDRESS
AND INSPECT ME.

SOLICITO BELLA DAMA

capaz de hablar excelente inglés, de 25 a 35 años de edad, soltera, liberada, brillante, vivaz, de buen humor y libre.
EL EMPLEO. Para trabajar en Relaciones Públicas como
asistente de un brillante creativo, agresivo y temperamental
profesor de idiomas, de medianas edad.
SUELDO. U.S. dólares 1.000 ó más al mes.
CONDICIONES DE TRABAJO: Horribles, tiene que aguan-
tarme a mi y a mis alumnos.
OBLIGACIONES. Hablar hasta por los codos y hacer lo que
ella quiera siguiendo mis instrucciones.
LLAMAR al 571.83.12 en horas de oficina para conseguir la
dirección e inspeccionarme.

tegorías ubicar el documento enviado por una señora de nombre Osiris Shekti, del que solo conservo las páginas de la 8 a la 12, propone cambiar el estatus del matrimonio que aparece en el Código Civil. Según la ya mencionada remitente, existen el matrimonio civil de por vida (el antiguo) y el matrimonio civil temporal (el moderno). De seguidas pasa a proponer que exista un convenio de matrimonio civil temporal, para lo cual los contrayentes deberán tener edad mínima de 18 años la novia y 21 el desposado.

El convenio no podrá ser por un tiempo menor a 18 meses y habría tres tipos de convenios temporales:

Primer tipo: por el tiempo mínimo de dieciocho meses (año y medio).

Segundo tipo: por el tiempo de treinta y seis meses (tres años).

Tercer tipo: por carácter renovativo que no sea menor de treinta y seis meses (tres años) o más en años. Este tercer tipo se denominará "matrimonio renovado temporal".

Pasado el tiempo de cada convenio, los excónyuges decidirían si quieren renovar o no su convenio y por cuánto tiempo desean hacerlo.

Después de explayarse en explicar las formas de disolver o renovar el matrimonio temporal, la proponente explica las razones que la llevaron a esa idea: "(...) y sería el inicio de un nuevo orden matrimonial temporal el matrimonio ideal. Vendría a llenar el vacío espiritual de la juventud del planeta Tierra, por el cual el hombre y la mujer se unen para disfrutar la existencia de la unión y de afrontar los problemas del hogar y de la vida".

Lo que la señora Osiris Shekti no tomó en cuenta, al fin y al cabo era el año 1975, es que los matrimonios venezolanos se hacen cada vez más temporales y con frecuencia no llegan al plazo de dieciocho meses del primer tipo de matrimonio temporal por

***

UN PASO MAS HACIA LA IGUALDAD DE LA MUJER

Supongamos que en la actualidad existan como vida legal en la sociedad venezolana DOS MATRIMONIOS - CIVILES :

El Matrimonio Civil de por vida, el antiguo

El Matrimonio Civil Temporal, el moderno

SOCIEDAD DE CONVENIO DE MATRIMONIO CIVIL TEMPORAL

Y, para que una pareja pueda contraer el - convenio de matrimonio temporal, la mujer ha de tener más de dieciocho años y el hombre más de veintiuno .

Y, el convenio no podría ser menos de dieciocho meses (un año y seis meses) como mínimo.

Y, habría tres tipos de convenios de matrimonios temporales :

Primer tipo.- Por el tiempo mínimo de dieciocho - meses (un año y seis meses)

Segundo tipo.- Por el tiempo de treinta y seis meses (tres años) y

Tercer tipo.- Por caracter renovativo que no sea menor de treinta y seis meses (tres años) o más en años.

Y, el tercer tipo se denominará MATRIMONIO RENOVADO TEMPORAL

En un día no señalado de 1984, recibí una carta firmada por la señora Ana Guía con una idea por demás novedosa. En vez de salir a la calle para protestar por diferentes calamidades, las mujeres, supongo que de todo el país, debían quedarse encerradas en sus casas. La señora Guía propuso como fecha para tal abstención de presencia del sexo femenino el día 27 de abril de ese año. Nunca mencionó cuáles eran las calamidades que merecía tan drástica desaparición femenina del panorama nacional, aunque fuese solo por 24 horas. No tengo ningún recuerdo del éxito de esa convocatoria y tampoco que la misma fuese reseñada por algún medio. Apenas la carta de Ana Guía que se copia en estas páginas.

Epílogo

Para concluir esta transcripción de locuras tanto publicadas en la prensa como epistolares, he elegido una noticia aparecida en todos los medios locales y supongo que de otros países. El 20 de septiembre de 2016, en el Congreso de Nicaragua fue aprobada una inusual declaratoria: René Núñez Téllez fue nombrado presidente de ese poder del Estado, "pero Núñez falleció el pasado 10 de septiembre por una afección respiratoria debido a una afectación pulmonar que le obligaba a presentarse a las sesiones parlamentarias con un tanque de oxígeno".

"Los legisladores manifestaron que este nombramiento es un reconocimiento a la labor de Núñez, quien promovió el diálogo, el consenso y la modernización del Congreso. Esta moción obtuvo 83 votos a favor y 0 en contra con una abstención. Sin embargo, será Iris Montenegro, diputada por el oficialismo, quien por ley esté al frente del parlamento nicaragüense. Mientras tanto, el período del diputado fallecido terminará el 9 de enero del 2017, lo cual Montenegro define como 'una declaratoria de gran significado a todo el esfuerzo y dedicación que él dio y continúa dando'".

Así termina este libro, con un muerto como presidente del Congreso de Nicaragua, lo cual no sería tan insólito si la revolución chavista, bolivariana, socialista, zamorana y fidelista del siglo XXI no hubiese pretendido perpetuarse tras la figura de un muerto y más que muerto, aunque nadie sabe cuándo ni dónde está enterrado.

Reitero mi solicitud de clemencia a todos aquellos a quienes haya ofendido o siquiera molestado con este libro. Y mi eterna gratitud a quienes lo consideren aunque sea gracioso. Ya el solo hecho de adquirirlo merecerá mi reconocimiento.

www.ingramcontent.com/pod-product-compliance
Lightning Source LLC
Chambersburg PA
CBHW022007090426
42741CB00007B/921